EL HÁBITO HACE AL MONJE

SONIA RICO

EL HÁBITO
HACE AL MONJE

PEQUEÑOS PASOS PARA TRANSFORMAR TU VIDA

terapias**verdes**

Argentina – Chile – Colombia – España
Estados Unidos – México – Perú – Uruguay

Copyright © 2022 *by* Sonia Rico Mainer
All Rights Reserved
© 2022 *by* Ediciones Urano, S.A.U.
Plaza de los Reyes Magos, 8, piso 1.º C y D – 28007 Madrid
www.terapiasverdes.com
www.edicionesurano.com

ISBN: 978-84-16972-95-1
E-ISBN: 978-84-19251-76-3
Depósito legal: B-15.023-2022

Fotocomposición: Ediciones Urano, S.A.U.

Impreso por: Rodesa, S.A. – Polígono Industrial San Miguel
Parcelas E7-E8 – 31132 Villatuerta (Navarra)

Impreso en España – *Printed in Spain*

Para Leo, maestro de mi vida

Índice

«Practica la enseñanza y observa los resultados de tu práctica, si es beneficiosa, síguela, si no, abandónala».

–BUDA

EL ARTE COTIDIANO DE TRANSFORMAR TU VIDA

Estoy segura de que más de una vez has tenido esa sensación de querer que el mundo se detuviera ahí, en ese preciso instante, para un siempre eterno.

Seguramente, en un momento así, tus tensiones desaparecen y te invade una energía que comulga con el maravilloso flujo de la vida.

Muchas personas vivimos al margen de esos momentos extraordinarios, porque hemos aceptado que la vida real es otra cosa. Una especie de desconexión que, aparentemente, nos hace la vida más fácil, más mecánica y más rutinaria.

Sin embargo, la vida va pasando y no nos damos cuenta de que, a la vez, se nos esfuma rápida como la arena de un reloj que intentamos detener entre nuestras manos.

Apreciar la vida, valorar su belleza, no significa esperar a lo extraordinario, sino propiciar que cada momento, cada instante, pueda ser mágico en sí mismo.

Estoy segura de que no has comprado este libro porque desees convertirte literalmente en un monje budista;

sin embargo, quizás te inspira la idea de adoptar ciertos hábitos, como la simplicidad, la sencillez, el equilibrio, la concentración, así como la calma y la paz que ellos encuentran en sus días.

Algunos experimentos científicos han demostrado que los monjes budistas son las personas más felices del mundo. Concretamente, el título se lo llevó Mathieu Ricard, monje budista en el monasterio de Shechen Tennyi Dargyeling en Nepal, asesor del Dalai Lama, y doctor en biología molecular.

Para nombrar al «hombre más feliz del mundo», científicos de la Universidad de Wisconsin midieron el cerebro de Ricard y de cientos de voluntarios que se prestaron para el experimento. Estudiaron los niveles de estrés, de enfado, placer, satisfacción y otras tantas sensaciones más, con la ayuda de resonancias magnéticas y más de dos centenares de sensores.

Desde luego, la felicidad es algo con tantas acepciones como personas en el mundo, pero a mi pensar es el resultado de una forma de ser, después de cultivar cualidades como el altruismo, la compasión, la libertad, la resiliencia, el equilibrio emocional y la paz interior. No es poco, ¿verdad?

Pues bien, ¡no te desanimes! Tengo una buena noticia. Todas esas cualidades son habilidades que podemos cultivar diariamente mediante la práctica, ya que una parte importantísima de la vida de los monjes felices es seguir ciertos hábitos. Ya lo dijo Aristóteles: «Somos lo que hacemos repetidamente. La excelencia no es un acto. Es un hábito».

A menudo pensamos que son los grandes acontecimientos los que van a cambiar notablemente nuestra vida y solemos dejar de lado los pequeños cambios. Sin embargo, «el éxito es producto de nuestros hábitos diarios, no de un acontecimiento único», como bien apunta James Clear en su maravilloso libro *Hábitos atómicos*. Y es que, en ocasiones, nos pasa desapercibido que nuestra vida es un reflejo de lo que repetimos constantemente, tanto lo que nos hace bien, como lo contrario.

Por supuesto, no tienes que volverte asceta, ni hacer un retiro *Vipassana* para alcanzar esa plenitud diaria. Buda ya probó el camino de la total renuncia para iluminarse y concluyó que esa vía lo apartaba de la autorrealización. Su conclusión fue que la felicidad no se encontraba ni en un extremo, ni en el otro, sino en el sendero medio (del sánscrito *madhyama-pratipada*).

Y ahí estamos nosotros. Seres mundanos, con necesidades normales, pero con la sensación de que podríamos llevar una vida más plena. Sintiendo como la prisa, los problemas, lo material, la falta de tiempo… nos va despegando poco a poco de esa sensación de sentirse completamente vivo.

La pandemia y el confinamiento que hemos sufrido nos ha brindado la oportunidad de valorar las pequeñas cosas y aprovechar la riqueza del instante. Aunque no lo creamos, esta situación excepcional nos ha traído varios regalos a la humanidad. Nos ha ayudado a entender ciertos aspectos a los que nos resistíamos. Hemos aprendido que no hay plan que valga, ya que la existencia se despliega a cada instante. Hemos cursado la asignatura de la impermanencia a marchas forzadas. Pero eso nos ha hecho valorar la vida. Y mucho.

Durante este tiempo, hemos estado muy cerca de la vida monástica. Hemos aprendido a base de repetición que, en realidad, podemos ser felices con menos. Incluso, que, bajando el ritmo, amando la cotidianidad, simplificando nuestra vida y aprendiendo a estar en paz con uno mismo, podemos sentir mayor bienestar.

Buda no fue un Dios, ni un ser mágico o especial. Simplemente desarrolló hábitos poderosísimos que le ayudaron a cuidar su cuerpo, su mente y su relación con el mundo. Muchas de estas prácticas fueron transmitidas a la vida de los monjes budistas para que fueran practicadas a diario. Lo mejor de todo es que tú también puedes incorporarlas a tu vida, así que manos a la obra y…

¡A ponerse el hábito!

I

LA HORA DE LA CONTEMPLACIÓN

La práctica de estar presente en tu vida

«La meditación zen fue endulzando mi día a día hasta límites insospechados. De pronto, la vida tenía sentido por sí misma. Recuerdo sentarme en la cocina de mi casa, mirar a la calle por el ventanal, ver los rayos de sol reflejarse en la carrocería de los coches y pensar: caramba, esto es maravilloso.»

—LEONARD COHEN

Intuyo que si tienes este libro entre tus manos es porque estás buscando una forma de estar mejor en este mundo. Quizás hay algo que te inquiete, o puede ser que estés tratando de darle un sentido más profundo a tu vida. Sea como sea, ¡bienvenido o bienvenida a este pequeño templo por el que vamos a transitar durante unas horas de lectura!

Los místicos de cualquier tradición coinciden en que la felicidad es un estado de paz, de equilibrio. Una sensación de satisfacción profunda con uno mismo y con la vida. Una connotación muy alejada de lo que creemos en occidente, ¿verdad?

El cantautor argentino Facundo Cabral decía en una de sus letras: «*no es más rico quien más tiene, sino quien menos necesita*». Esto me recuerda a las enseñanzas que nos han legado tantos y tantos maestros desde hace siglos, que nos trasladan que la felicidad genuina se corresponde a un estado interno y que la podemos hallar mediante el camino de la contemplación (meditación).

Ejercicio: *Check in list:* ¿Necesito meditar?

Marca la casilla y autoevalúate.

- ❑ Cuando estoy en silencio me invaden un sinfín de pensamientos.
- ❑ Mi mente viaja constantemente al pasado.
- ❑ Pienso asiduamente en el futuro.
- ❑ A veces, me siento ansioso/a.
- ❑ Genero expectativas con las situaciones y personas.
- ❑ Dependo de algunas personas.
- ❑ Me digo cosas negativas.
- ❑ Necesito *likes*.
- ❑ Cuando me aburro o me siento mal, me distraigo con el móvil.

- ❑ Me pongo la televisión o Netflix para no pensar.
- ❑ Me juzgo.
- ❑ Juzgo constantemente a los demás.
- ❑ Llamo, quedo o mando mensajes a personas para no sentirme solo/a.
- ❑ No me siento en paz y equilibrio.
- ❑ No logro apreciar lo que me rodea.
- ❑ Me cuesta sentirme agradecido/a con la vida.
- ❑ Me siento infeliz a momentos.
- ❑ Deseo muchas cosas.
- ❑ Me cuesta deshacerme de objetos.
- ❑ A veces vivo con ansiedad y estrés.
- ❑ En ocasiones, como compulsivamente.
- ❑ Bebo en exceso o utilizo la bebida para sentirme mejor.
- ❑ Tengo hábitos nocivos.
- ❑ Necesito comprar.
- ❑ Me gustaría que las cosas fueran de otra manera.
- ❑ Soy adicto/a al trabajo.
- ❑ La mayor parte del tiempo les hablo a los demás de mí o de mis temas.
- ❑ Necesito ansiolíticos.
- ❑ Me siento vacío/a.
- ❑ Nada es suficiente.

Si has marcado de **0 a 5 respuestas** estás razonablemente bien contigo mismo, pero meditar te puede ayudar.

Si tienes entre **6 y 15 *checks***, necesitas trabajar con tu mente, así que la meditación te aportará grandes beneficios.

Si tienes entre **16 y 30 respuestas** marcadas, la meditación es tu camino.

Leonard Cohen, «Jikan», el Monje Silencioso

Si alguna vez has tenido la oportunidad de escuchar a Leonard Cohen te habrás dado cuenta de que sus letras destilan la misma dosis de belleza que de amargura. Son pura poesía, una maravillosa analogía de la misma vida.

El cantautor inició su carrera musical a los 34 años de edad. Lamentablemente sucumbió preso a los vicios extremos de Occidente: sexo, drogas y *rock'n'roll*, y cada vez fue cayendo más hondo hacia el gran abismo de la existencia… hasta que, como un náufrago, se agarró al budismo zen como tabla de salvación.

Cohen creció en una familia tradicional judía y su abuelo fue un venerable rabino. El cantante nunca perdió sus raíces, ni su fe judía, sin embargo, no fue en sus raíces donde encontró las respuestas y el consuelo de su existencia, sino que lo halló en el zen.

Antes de proseguir, déjame contarte que el zen es una práctica budista que implica vivir plena y auténticamente en el momento presente. Se trata de hacer de cada instante una experiencia única y maravillosa.

Así lo hizo Cohen. Practicó durante más de 30 años, hasta el punto de ordenarse monje. A los 64 años, tras un cuarto de siglo de práctica, ingresó en el Mount Baldy Zen Center, el monasterio de su maestro Sasaki, ubicado

en Los Ángeles. Allí se levantaba a las tres de la madrugada, pasaba 13 horas meditando y cinco trabajando en las tareas de cortar verduras, dar de comer a las gallinas o limpiar retretes. Rendido a esas rutinas, consiguió vaciar su mente y paralelamente se fue sintiendo mejor.

El maestro Sasaki que, en ese momento tenía 89 años, lo rebautizó con el nombre de «JiKan» (el silencioso) y, desde entonces, se convirtió en su asistente personal durante tres años más. Después, Cohen colgaría los hábitos físicos y volvería al ruedo de la música, transformado espiritualmente y siguiendo el camino de la meditación de por vida; hasta que muriera completamente en paz a la edad de ochenta y dos años.

Comparto contigo unas bellas palabras que hablan de su experiencia: «la meditación no es lo que piensas. Te sientas en absoluto silencio y tu mente empieza a repasar todas tus películas. Durante ese proceso, te vuelves tan familiar con los guiones que mantienes en tu vida que acabas hartándote de ellos. Entonces comprendes que la persona que crees que eres no es más que un complicado guion en el que gastas la mayor parte de tu energía. Tras un examen más minucioso, descubres que tu personalidad te asquea. Y eso es porque en realidad no eres tú. Si te sientes lo suficientemente aterrado por esa personalidad, espontáneamente permites que se desvanezca. Y entonces, si tienes suerte, puedes experimentarte a ti mismo sin la distorsión de esa personalidad».

Imagino las conversaciones que Cohen pudo tener con su maestro Sasaki. Preguntas que, seguramente, muchos de nosotros nos habremos hecho en varias ocasiones, y que, quizás, no hayan obtenido respuestas. Puedo imaginar al cantautor hablando de su profunda insatisfacción, porque él, igual que tú y yo, comparte los mismos condicionamientos que obstaculizan nuestro verdadero bienestar.

No hay duda de que la felicidad es el motor de nuestra vida. Aquello que anhelamos y que hace que nos levantemos todas las mañanas. Creemos que tenemos que salir a buscarla, de la misma manera que salimos a buscar nuestro jornal. Sin embargo, nuestra vida puede dar un giro si logramos entender que toda esa dicha ya está dentro de nosotros. Tan solo necesitamos derribar esos muros que hemos construido en torno a ella.

La balanza existencial

Imagínate una balanza tradicional en desequilibrio. En un lado, en uno de los platillos, con todo el peso, se sitúa nuestra insatisfacción y en el otro, con el peso totalmente descompensado, allá en lo alto, un platillo vacío.

¿Qué hacemos para compensar esa balanza? Como queremos sentirnos bien a toda costa, tratamos de equilibrarla con cosas que vienen del exterior: el alcohol que tantas risas nos da, las drogas que nos desconectan de la realidad, las personas que nos hacen sentir bien, las pastillas que nos anestesian del dolor, la comida rica en calorías, objetos nuevos que nos distraen, reconocimiento externo que tanto nos llena, entretenimientos varios, etc.

¡Hacemos todo lo posible para mantener ese equilibrio! Aunque sea por un breve espacio de tiempo.

Nos olvidamos de que esa sensación de descompensación no se equilibra desde afuera, sino desde adentro. Nuestra naturaleza es simple, natural, satisfactoria, abundante. Un estado de libertad infinita y solo tenemos que mirar hacia el interior para poder verla. Tenemos que lograr despertar esa genuina felicidad.

Si logramos comprender que la felicidad no se produce, no se alcanza, no se conquista, no tiene dueño, no se consume, no se compra, no proviene de la aprobación de otros… entonces, lograremos derribar todas las limitaciones que hemos construido contra ella. Si no conseguimos hacer eso, también el yoga, la meditación o todo eso que hagamos con la idea de desarrollarnos, será otra manera de intentar equilibrar esa balanza, tan solo un analgésico más.

Derribando muros

Creo que todos tenemos una gran misión: descubrir y desenmascarar esa felicidad que se nos presenta disfrazada de verdadera. Hay que destapar esa insatisfacción y desmontar sus causas y condiciones.

Aunque no lo creamos, nuestra naturaleza es la de estar en equilibrio, en armonía y en paz. Lo que pasa es que hemos levantado algunos muros que nos cubren esa esencia tan maravillosa con algunas piedras pesadas:

- la ignorancia
- las emociones perturbadoras
- las palabras y acciones negativas que surgen de esos sentimientos negativos
- y finalmente, los hábitos que desarrollamos como consecuencia de todo lo anterior.

Imagínate por un momento que estás en una relación de pareja, bastante desgastada, y crees que comprándote una casa estaríais mejor. Pues bien, al principio, podría ser que ese objetivo os uniera mucho, ya que sería un reto a alcanzar. Inicialmente estaríais muy distraídos, sin embargo, una vez que hubierais comprado esa casa, podría ser que bajara ese chute de adrenalina e ilusión puntual y volvierais a estar en la casilla de salida inicial. Tampoco ahí estaba vuestro bienestar.

Si desgranamos el ejemplo anterior, diríamos que:

- Un ladrillo de la **ignorancia** sería creer que la felicidad esté en la compra de esa casa.
- Los ladrillos de las **emociones perturbadoras**: ante no conseguir bienestar, de nuevo aparecen emociones negativas.
- El ladrillo de **las palabras y acciones negativas**: cuando siento algo negativo, normalmente

me dejo llevar por ellas, me arrastran y se convierten en acciones y palabras negativas.

- Los ladrillos de los **malos hábitos**: aquello que hacemos por inercia, pero que no nos beneficia.

La buena noticia es que, si entrenamos nuestra mente a través de la contemplación de lo que pasa en ella, podremos darnos cuenta de en qué momento estamos y romper esa cadena. Si, por ejemplo, somos conscientes de que estamos teniendo una emoción negativa y somos capaces de soltarla, sin aferrarnos, ya no le seguirán las acciones y palabras negativas.

Tu pantalla mental

La forma en la que interpretamos lo que nos sucede determina nuestro grado de felicidad. Es bien sabido que, ante un mismo acontecimiento hay tantas interpretaciones como personas en el mundo. No obstante, creemos que ese tumulto de pensamientos y emociones que nos invaden son la verdad de nuestra mente.

Cada imagen que aparece por nuestra cabeza es un estado mental y te habrás dado cuenta que, esos estados, no paran a lo largo de las 24 horas del día.

Creemos que esa sucesión de imágenes, algunas bellas y hermosas, otras horribles y dolorosas, son parte de nuestra naturaleza. Sin embargo, esa sucesión de figuras tan solo son proyecciones en nuestra mente.

Imagínate una pantalla de cine en blanco, totalmente iluminada. Muy bien, ahora imagina esa misma pantalla, pero con una película proyectada. La pantalla se correspondería a nuestra mente y la película (proyección) serían nuestros pensamientos.

Las personas con una gran práctica en la meditación son capaces de percibir y enfocar su atención en la pantalla y no en la película que se proyecta. A eso se le denomina *conciencia pura*.

Pues bien, si nos entrenamos en fijar nuestra atención en esa «pantalla blanca» y no en las películas, lograremos un estado de ecuanimidad (imparcialidad) que evitará que nuestras emociones o pensamientos nos arrasen. Maravilloso ¿no te parece? Por lo tanto, si conseguimos modificar nuestra mente, conseguiremos también cambiar nuestro estado interno y, por ende, nuestro comportamiento.

EJERCICIO. MEDITACIÓN PARA OBSERVAR LA PANTALLA

1. Busca un lugar cómodo y silencioso y adopta una postura de meditación.

2. Cierra los ojos por un momento y trata de centrar la atención en tu respiración. Prueba a seguir concentrado en la inhalación y en la exhalación durante unos minutos.

3. Cuando notes tu cuerpo relajado, te propongo que imagines una pantalla enfrente de ti.

4. En esa pantalla puedes proyectar cada uno de los pensamientos que vengan a tu mente. Sin retenerlos. Tan solo observándolos como si de una película se tratara.

5. Date cuenta de que, si no retienes el pensamiento, no surge ninguna emoción asociada a él. Observa cómo tus pensamientos pierden poder.

6. Y ahora, pregúntate: ¿Quién soy yo? Te darás cuenta de que no hay observador. Tan solo lo observado. Eres un todo con el todo. Aquel que es capaz de ver más allá de las películas, del pensamiento.

Meditaci ¡ON!

La palabra *meditar* crea confusión en Occidente, ya que, para nosotros, meditar significa algo así como «reflexionar». Sin embargo, cuando hablamos de meditación nos referimos a todo lo contrario. Meditar es contemplar la mente.

Estoy segura de que has oído hablar de los numerosos beneficios, avalados por la ciencia, que te da la meditación diaria:

- Una mente más tranquila, estable y centrada
- Mejora de la calidad del sueño
- Reducción del estrés y la tensión
- La ecuanimidad
- Una mayor conciencia y autoconcepto de uno mismo

- Aumento de los sentimientos de amor, gratitud y compasión
- Disminución de los niveles de ansiedad, depresión y dolor crónico
- Mejora de la estabilidad emocional y la autoestima
- Aumento de la confianza y la motivación
- Beneficios para la salud física, como la disminución de la presión arterial, la mejora de la salud inmunológica y la reducción de la inflamación

Quizás hayas probado a meditar o sientas curiosidad por incorporar este hábito a tu vida. Sea como sea, me alegro de que estés aquí.

Lo primero que hacen los monjes de cualquier orden, al levantarse por la mañana, es dedicarse a la contemplación, oración o meditación. Aunque estas técnicas puedan ser muy distintas entre ellas, su intención última, independientemente de las creencias, es el despertar espiritual, ser genuinamente feliz y sentirse parte de la creación.

Recuerdo las primeras veces en que me senté a meditar. Cuando no me interrumpía mi hijo, yo misma lo hacía mirando el móvil. Inicialmente me ponía la alarma para aguantar 10 minutos y no habían transcurrido ni tres que ya no podía más.

Cuando realizaba la formación de profesores de yoga y teníamos que practicar la meditación sentada, me pasaba el rato luchando conmigo o mirando por el rabillo del ojo a ver qué hacían los demás. Para más inri, me comparaba con el resto, pensando: «fíjate, todo el mundo lo consigue menos yo…» ¡El tiempo se me hacía eterno!

¿Qué sentido tenía permanecer así? Me dolía la espalda, me picaba el cuerpo, pensaba en todo lo que tenía que hacer durante el día, me daba hambre, sed, me levantaba y me volvía a sentar… en definitiva, me rendía. Solo conseguí empezar a entrar en la meditación cuando de verdad me entregué a ello en cuerpo y alma, cuando anulé cualquier expectativa y simplemente seguí, seguí y seguí insistiendo. Sigo siendo una mera aprendiz, pero te aseguro que es de las mejores prácticas que he introducido en mi vida, por eso me gustaría que lo vivieras tú también.

Cuando meditamos, no buscamos milagros, ni experiencias singulares. No deseamos poderes, ni mensajes del más allá. Nada mágico, ni exótico. Al contrario, lo que buscamos es la máxima simplicidad. Ser como somos. Sentirnos suficientes, en equilibrio y en paz. Generamos el estado que queremos integrar en nuestra vida, y lo hacemos hasta que su presencia se convierta en un nuevo hábito mental.

La meditación es un instrumento para acercarnos a ese estado natural de equilibrio. Hoy en día, incluso, se está introduciendo para complementar terapias en hospitales y también en escuelas. Pero no te voy a engañar, como te comentaba, no es algo fácil e intuitivo. La clave es practicar, practicar y practicar. Con constancia, de la misma forma que si quisieras muscular tu cuerpo, o sentirte en forma, no bastaría con hacer ejercicio de vez en cuando, ¿verdad? Para meditar se requiere motivación, disciplina, esfuerzo y persistencia, pero ¿acaso hay algo más importante que ser feliz?

Medita 20 minutos al día

Si alguna vez lo has probado, ya sea en una práctica formal o porque realizas clases de yoga, quizás te ha pasado como me solía ocurrir a mí... concluyes que la meditación no es para ti... que no puedes... que lo intentas, pero no llegas a ningún lugar especial... que no puedes dejar de pensar... que no sientes nada en particular... que no te puedes concentrar... que la postura es incómoda... que te inquietas... que te sientes triste... que, que, que... y, finalmente, dejas de intentarlo.

Pues bien, te avanzo que todo eso es normal y es precisamente en esos escollos donde reside la superación. Al principio nos las vamos a tener que ver con bloqueos, molestias corporales por la postura, estados mentales y psicológicos dolorosos, pereza, sensación de aburrimiento, tristeza o desfallecimiento... pero, aunque parezca contradictorio, todos estos obstáculos van a ser nuestros mejores aliados. Los vamos a usar para que se conviertan en nuestros factores de crecimiento. Por ejemplo, si nos distraemos mientras meditamos, usaremos la *distracción* como indicador, ya que nos daremos cuenta de que tenemos que propiciar una meditación mucho más activa. Si la respiración está agitada, tomamos consciencia de ello y ponemos mucho más énfasis en regularla y así, iremos siendo resilientes en todo aquello que nos vaya surgiendo.

Te recomiendo que, para incorporar este hábito, te reserves 20 minutitos al día, así que busca un lugar tranquilo, sin interrupciones, pon el teléfono en modo avión y ¡trátate con mucha paciencia y mucho amor! A continuación, te cuento cómo hacerlo.

El secreto de meditar es.... ¡MEDITAR!

Estoy segura que si buscas en tus archivos internos puedes encontrar una experiencia de este tipo. Aunque sea por unos segundos, ¿quién no se ha quedado absorto mirando el fuego? O bien, ¿quién no ha sido cautivado por la belleza de la naturaleza y por un momento se ha sentido fusionado con ella?

Pues bien, de lo que se trata es de provocar ese estado, pero a conciencia y entrenarlo cada día.

La meditación requiere de una postura activa con la vida, por lo tanto, hay que ir a buscarla, provocarla. Queremos ser los patrones de nuestra mente y no dejarla navegar a la deriva.

Existen muchos tipos y maneras de meditar. Puedes hacerlo en posición sentada, tumbada, mientras caminas o haces yoga. En mi página web (www.soniarico.net) encontrarás muchas propuestas guiadas que te ayudarán en tu práctica.

En este capítulo te voy a recomendar que empieces entrenando con la meditación sentada. Sin embargo, a lo largo del libro te iré explicando muchas formas para entrenar tu atención, y que puedas meditar en tu vida cotidiana.

Meditación: instrucciones de uso

Siéntate en la postura de meditación, con las piernas cruzadas y la espalda erguida a 90 grados. Si lo deseas y te resulta más cómodo, puedes usar un cojín para sentarte. También puedes colocarte en una silla con la espalda recta a noventa grados y los pies en el suelo. Lo importante es mantener la postura correcta. Sin reclinarnos demasiado hacia atrás, ya que eso provocaría que la mente se relajara demasiado, se mantuviera pasiva y... ¡necesitamos todo lo contrario!

A continuación, puedes buscar un enfoque, un objeto en el que permanecer. Para ello, puedes utilizar un objeto sensorial, como, por ejemplo, el sonido de un gong, música o el fluir del agua. También lo puedes hacer con una imagen mental, como, por ejemplo: una flor, luz, la llama de una vela... cualquier cosa que te ayude a concentrarte. Te aconsejo enfocarte en la respiración, ya que es más fácil permanecer concentrado y te darás cuenta más fácilmente de las distracciones.

Lo normal es que la mente quiera huir hacia otro lado. ¡No te desesperes! Al principio es así y ¡NO hay truco mágico! Tan solo podrás entrenarte con la práctica y con persistencia. No tienes que forzar nada, ni siquiera a poner la mente en blanco, o a dejar de pensar. Simplemente observa sin reprimir. No hay nada que conseguir, no hay metas. La meta está en la ladera de la montaña y no en la cima.

El entrenamiento está en permanecer ahí y reconducir tu atención hacia la respiración cada vez que te distraigas. Es normal que, cuando cerramos los ojos y nos ponemos a respirar, aparezcan mil y un pensamientos: «los recibos pendientes», «recoger a mi hijo a una hora determinada», «entregar ese trabajo», «recoger ese paquete», «lo que me dijo fulanito», etc., etc., etc. Lo normal es que todo eso aparezca por nuestra mente. Sin embargo, ¡no tengo que luchar contra eso!

Simplemente lo que hacemos es que cuando aparece un pensamiento, lo dejamos pasar como si fuera una nube del cielo. ¿Y cómo lo dejo pasar?, te preguntarás. Pues bien, lo observas, pero no entablas una conversación con él. Si, por ejemplo, te preocupa «ese recibo pendiente», tan solo limítate a observar ese enunciado, pero no te digas cosas como: pensar en pagarlo, si es justo o injusto, de dónde sacarás el dinero… En estos 20 minutos, nos vamos a permitir NO AFERRARNOS y dejar que todo eso que aparece por tu mente se desvanezca sin más. No te preocupes, cuando acabe la práctica ya te ocuparás después de tus pensamientos. Pero mientras tanto, vamos a permitirnos dejar a la mente discursiva de lado.

Se trata de observar a tu mente sin resistencia. Sin juzgar, ni comentar la jugada. Sin forzar nada. Simplemente centrarse en SOLTAR todo eso que viene a tu cabeza, ya sean pensamientos, recuerdos, planes, estados de ánimo, exigencias a la realidad, expectativas, emociones... Te das cuenta de todo, pero simplemente observas. Sin retener, ni rechazar, sin identificarte con nada.

----

7 pasos para ejercitar la meditación:

1. **Prepara el terreno.** Necesitas un lugar para practicar. No importa si es una habitación entera, o tan solo un rinconcito. Lo importante es que el lugar sea tranquilo, libre de interrupciones y que te inspire a meditar.

2. **¿Para qué vas a meditar?** Trata de buscar una respuesta lo más altruista posible. Las distracciones surgen cuando nos preocupamos demasiado por nosotros mismos. Así que intenta elevar tu motivación para esa sesión y pueda resultar beneficiosa para toda tu comunidad, familia, hijos, etc.

3. **Relájate.** Viste ropa lo más cómoda posible y enfócate en la respiración para soltar toda la tensión. A continuación, adopta una postura cómoda a poder ser sentada y enfócate en estos puntos:
   - Espalda erguida
   - Pecho y hombros abiertos
   - Cuello estirado
   - Manos apoyadas suavemente sobre el regazo

- Lengua apoyada ligeramente sobre el paladar
- Ojos cerrados o entreabiertos
- Piernas cruzadas o, si estás en una silla, apoyadas en el suelo

4. **Medita.** Utiliza una meditación guiada si te estás iniciando en la meditación. Así recibirás todas las instrucciones que necesitas y te ayudará a mantenerte atento y concentrado.

    Cuando te distraigas, vuelve amablemente a la meditación. De esta manera instauras el hábito de corregir las distracciones y eso va a aumentar en gran medida tu calidad de vida en tu día a día.

5. **Autorregúlate.** Puedes empezar con unos minutos al día, hasta que instaures el hábito. Lo ideal es que empieces con 20 minutos y vayas aumentando, conociendo cuáles son tus límites. ¿En qué momento te cansas? Cuando eso pase, para y vuelves al día siguiente.

6. **Agradece y dedica.** Cuando acabes de meditar, haz un pequeño agradecimiento hacia todo eso que eres y tienes en la vida. Si puedes, dedica los beneficios de la meditación a otros seres. De esta manera, cierras el círculo altruista que empezaste al principio y te conviertes en un motor de cambio silencioso.

7. **Extiende la meditación a toda tu jornada.** Trata de mantener esos beneficios durante todo el día y en todas las actividades que lleves a cabo.

Las cosas son como son

Los budistas de cualquier tradición persiguen lo que en sánscrito se denomina *Dharma*, o lo que es lo mismo, **percibir la realidad tal cual es**. Parece algo simple, sin embargo, yo me planteo muchas veces: *¿Cuánto malestar nos ahorraríamos si realmente pudiéramos sentir (aceptar) la vida como es?*

Aunque no lo creas, puedo avanzarte que ahí reside la fórmula mágica del bienestar.

Nos enfadamos con la vida, porque las cosas no salen como nosotros querríamos. Porque comparamos «lo que es» con algo «que debería ser», normalmente una expectativa imaginaria.

La práctica de la meditación nos puede servir como una analogía de la vida. Una manera de entrenarse para recibir la vida como «es». Yo misma empecé este camino meditativo desde mi ego absoluto, queriendo controlar los resultados. «Voy a meditar porque así podré relajarme… porque así seré mejor persona… reduciré el estrés… me dolerá menos la espalda… me sentiré más libre…me iluminaré». Sin darme cuenta de que, si esperaba todo eso, me quedaba atrapada en el resultado de si lo estaba haciendo bien.

Sin embargo, lejos de servirme, me alejaba de lo que realmente ocurría en el «aquí y ahora». Todas mis esperanzas estaban puestas en llegar a algún lugar concreto, o en desarrollarme de alguna manera especial. Y mientras tanto, me perdía lo que realmente estaba pasando, el hecho de vivir plenamente ese momento.

Una vez escuché que la esperanza es la otra cara del miedo. Mientras esperas se esfuma lo que de verdad ocurre, estás pendiente de que pase algo concreto, por lo tanto, si no acontece, puede ser que caigas en la más triste decepción. Así que hagamos las cosas con optimismo, con nuestra mejor voluntad y tratemos de soltar el control de esperar un resultado concreto, porque de lo contrario es muy posible que la vida nos decepcione una y otra vez.

Parafraseando al maestro Jon Kabat-Zinn, creador del *mindfullness*, en relación a la meditación: «la mejor manera de llegar a algún lugar es dejar de intentar llegar a algún lugar» y la mejor manera de darse cuenta, es incorporando el hábito de meditar.

¿Qué menú quieres?

Ahora que ya eres un poco más experto, te presento una degustación de las diferentes familias de meditaciones que existen para practicar.

Afortunadamente, hoy en día hay miles de centros y retiros que nos ofrecen un extenso menú de este tipo de prácticas.

También puedes buscar en YouTube, o si lo prefieres, buscar un guía por tu zona para que te ayude a desarrollar mejor este hábito. Recuerda que todas las personas somos diferentes, así que te animo a buscar la técnica que más se ajuste a tus necesidades.

1. **Meditaciones de altruismo.** Esta clase de meditaciones se realizan mediante frases, recuerdos y visualizaciones. En el último capítulo del libro, te propondré una pequeña práctica para que puedas provocar ese estado en tu vida. Las meditaciones más famosas de esta familia son: las que propician el amor bondadoso, la compasión, la alegría y el saber dar y recibir.

2. **Meditaciones de la sabiduría.** Esta familia de meditaciones trata de encontrar respuestas a preguntas existenciales para desarrollar la comprensión.

3. **Meditaciones de la virtud.** Con esta práctica podremos desarrollar una mejor motivación, aumentar la paciencia, potenciar el entusiasmo y desarrollar la generosidad.

4. **Meditaciones de concentración.** Esta familia de meditaciones son las más populares en la actualidad. Sus beneficios se dejan ver en pocas semanas. En la actualidad se conocen mucho en occidente, gracias a la práctica del ***mindfulness (atención plena al momento presente).*** Este tipo de meditación enfatiza la conciencia de la res-

piración, sintonizando el aire que entra y sale a través de la nariz. También se centra en identificar un pensamiento o una emoción, dejándolo pasar con una actitud sin juicio.

Aquí empieza tu viaje *mindful*

Mindfulness significa «atentamente». En Occidente se ha traducido como «Atención Plena» o «Conciencia Plena»; sin embargo, el término original fue traducido del pali y venía a significar algo así como: «recolección: recordar lo que es virtuoso y detenerse ahí». Los cristianos también utilizaban ese término para tener presente en todo momento a Cristo.

El movimiento empezó con el doctor Jon Kabat-Zinn, profesor emérito de medicina. Fue practicante de yoga y zen, además de estudiar con diversos maestros budistas que lo inspiraron a integrar una parte de las enseñanzas con la ciencia occidental. Así creó la técnica Reducción del Estrés Basada en la Atención Plena, hoy en día extendida en todo el mundo.

La Atención Plena es una parte importante de la meditación que se ha hecho muy popular en Occidente. Se ha convertido en casi una filosofía de vida: estar presente en todo lo que desarrollamos en nuestro día a día.

Como verás a medida que avances en la lectura de este libro, te voy a proponer infinidad de maneras y ejercicios para que sintonices con todo eso que pasa en tu vida y puedas vivir con total plenitud, hagas lo que hagas.

Los sabios, los yoguis y los maestros zen han explorado estos territorios durante miles de años. Pero no es preciso que seas budista, ni monje, ni tan siquiera creyente para practicar. De hecho, no se trata de convertirse en nada, más allá de que seas tú mismo.

Te voy a acompañar para que puedas autoobservarte, autoindagar, hasta que con tu práctica llegue un momento que ese estado se vuelva natural y puedas llevarlo a cualquier ámbito de tu vida.

¡Feliz práctica!

II

CULTIVA EL JARDÍN DE TU MENTE

La importancia de conocer tus pensamientos para vivir mejor

«Una persona que piensa todo el tiempo, no tiene más
en qué pensar que en los pensamientos mismos,
de esta manera pierde el contacto con la realidad
y está destinada a vivir en un mundo de ilusiones».

—ALLAN WATTS

¿Te imaginas que tu mente fuera realmente un jardín en el que pudieras huir del ajetreo del mundo y conectar con la naturaleza? En la filosofía zen, los jardines son un remanso de paz, de calma y sosiego. Un lugar propicio para la meditación. A mí me parecen de una belleza increíble, sobre todo por su austeridad y su sencillez. Una analogía perfecta de la hermosura de las cosas simples.

Los componentes básicos de estos jardines orientales son la arena, la grava y otras piedras más grandes. También puede haber algunos toques de verde, con musgo, helechos o bonsáis. Lo que más llama mi atención son las ondulaciones en la arena, generalmente hechas con un rastrillo de bambú que, simbólicamente, representan las interferencias que existen en nuestra mente provocadas por el pensamiento.

LAS MALAS HIERBAS DE TU MENTE

Dan Harris, uno de los presentadores de televisión más conocidos de los Estados Unidos, explica en su libro **10% HAPPIER** cómo sus pensamientos le jugaron una mala pasada en el programa *Good Morning America*, emitido en *prime time* ante millones de espectadores. Sufrió un ataque de pánico en directo que lo llevó a perder totalmente el control. Desde entonces cambió su vida por completo, encontrando su bienestar en la meditación.

Por desgracia, nuestra vida está controlada por un pepito grillo interno que se mueve entre tiempos inexistentes. Una voz, terrible donde las haya, que, normalmente destaca los puntos negativos, no para de juzgar y etiqueta cada inclinación inconsciente que surge de nuestra cabeza.

Quizás te resulten familiares pensamientos del tipo: «qué van a pensar de mí»; «nunca conseguiré ese trabajo soñado»; «no sé si llegaré a final de mes»; «quizás no me quiere»; «no lo haré bien»; «no puedo»; «me quedaré solo/a»...

¡Uf! Qué cansancio, ¿verdad? En muchas ocasiones nuestros pensamientos actúan como unas gafas que nos muestran un mundo irreal. Sin saberlo, manipulamos todo lo que vemos, incluso cuando miramos a otras personas, ya que tampoco las vemos realmente como son, sino que vemos los pensamientos que tenemos acerca de ellas.

LA MENTE GUIONISTA

La mente es una gran contadora de historias. Dicen que tenemos alrededor de noventa mil pensamientos diarios. Pensamientos que piensan por sí solos y que, si registráramos por escrito, tendríamos en nuestras manos verdaderos guiones de cine. Sin ser conscientes, fabricamos historias de todo tipo: historias de amor, desamor, aventura, desventura e, incluso, de terror.

No sé si te has percatado que cuando vas conduciendo, en el metro, caminando o en el autobús, estás completamente absorto en tus pensamientos. Si alguna vez te has detenido a observarlos, o frecuentas la meditación, habrás podido comprobar este proceso. Cuando intentamos concentrarnos en algo, en la respiración, en un mantra, en el cuerpo, o en un objeto concreto, nos damos cuenta de que nos vemos interrumpidos por una gran cantidad de recuerdos, planes, ideas, análisis, expectativas, preocupaciones, miedos, juicios, etc.., y ¡todo sucede de una forma vertiginosa!

El problema no es tener pensamientos, sino que estos aparezcan como caballos desbocados, porque, en realidad, ese no es el estado originario de nuestra mente. Lo natural es que el proceso de pensamiento sea estructurado, ordenado y no reactivo. Pero, incluso a los monjes más experimentados en el arte de la contemplación, el pensamiento les juega malas pasadas, como la anécdota que te cuento a continuación.

También los monjes tienen miedo

Jack Kornfield, monje budista en Tailandia, Birmania e India y maestro de maestros en meditación, explica una anécdota en su libro *La Sabiduría del Corazón*. Una mañana mientras meditaba se dio cuenta que había ciertas zonas en su cuerpo entumecidas. En lugar de caer en la cuenta de que su cuerpo podía estar resentido por las infinitas horas que llevaba en postura de meditación (pensamiento ordenado), creyó que el entumecimiento era causado por la lepra (pensamiento distorsionado). Kornfield trabajó durante un tiempo como voluntario con personas víctimas de esta enfermedad en un programa de voluntariado rural, así que su mente decidió que esa era la causa. Tras ese pensamiento, inevitablemente apareció el siguiente, que tenía que ver con su desdichado futuro inmediato. Automáticamente creyó que sería expulsado del monasterio por leproso y en la tristeza que le causaría a su madre. Y así fue encadenando desdichas imaginarias, a cual más desafortunada. Por suerte, nada de eso ocurrió, pero su mente lo mantuvo cautivo alrededor de tres días.

Estoy segura de que a muchos de nosotros nos pasa algo parecido. Nuestra cabeza nos juega malas pasadas. ¿Quién no ha tenido determinados síntomas y se va directamente a buscarlos en el famoso *Dr. Google* y acaba presa del pánico? Empiezas por buscar algo leve y acabas creyendo que tienes lo peor, que estás al borde de la muerte. Por cierto, déjame decirte que, según un estudio australiano, los diagnósticos de este *médico inteligente* son, ni más ni menos, que dos de cada tres veces erróneos.

La mente es muy traicionera. No solo nos traiciona en volvernos hipocondríacos, sino que, si no le prestamos atención, nos acaba tergiversando la vida.

Mi mente me traicionaba y, por desgracia, lo sigue haciendo cuando no estoy atenta. Puedo planificar la mejor de las veladas con mi pareja y la noche puede acabar como el rosario de la aurora por culpa de aferrarme a un pensamiento que campa a sus anchas por mi cabeza. En vez de concentrarme en ese momento mágico, soy capaz de pasar la lista del «debe» con las tareas que han quedado pendientes en casa. ¡Ale, noche al garete! Y como no estoy casada con Buda, pues mi *partner* entra al trapo como un miura.

Con demasiada frecuencia actuamos arrastrados por un torrente de impulsos y pensamientos que corren por nuestra mente y acaban inundando nuestra vida. Lo más triste es que, sin darnos cuenta, acabamos en lugares o situaciones que ni deseábamos, ni sabíamos ni siquiera que pudieran existir.

El pensamiento descontrolado contamina nuestra mente de tal forma que acabamos exhaustos, agotados y agobiados. Inconscientes, pasamos de un pensamiento a otro como un mono alocado que salta de rama en rama *(monkey mind)*. Shakespeare escribió en su obra *Hamlet*: «nada es bueno o malo, pero nuestros pensamientos lo hacen así». En realidad, no sufrimos por lo que nos sucede en la vida, sino por la forma en que nuestra mente procesa y analiza lo que nos ocurre o está por venir.

La buena noticia es que las ondulaciones en calma que observamos en la arena de algunos jardines zen pueden existir en nuestra mente. Puedes entrenarte para controlar a ese *mono* y no salir corriendo detrás de tus pensamientos, deseos o impulsos y lograr ese dominio mental, mucho más sencillo de conseguir de lo que crees.

LA MENTE DE MONO

Monkey mind, del chino *xinyuan,* es un término budista que significa «sin resolver, inquieto, caprichoso, inconstante, confuso, indeciso, incontrolable». Buda utilizó este término para describir la mente humana, como si estuviera llena de monos borrachos, saltando, chillando sin parar. Todos tenemos una *monkey mind* según Buda, con un montón de monos reclamando nuestra atención. El miedo es uno de los monos que más gritan, señalando todas las cosas con las que debemos tener cuidado y avisándonos de todo lo que puede salir mal.

EJERCICIO. 300 SEGUNDOS DE ATENCIÓN

Siéntate en un lugar tranquilo y concéntrate en tu respiración durante cinco minutos. Puedes ponerte la alarma de un reloj para no estar pendiente de controlar el tiempo. Trata de prestar atención consciente al momento presente durante estos 300 segundos. Cuando aparezca un pensamiento, simplemente déjalo pasar sin retenerlo. Limítate a observar este momento, sin intentar cambiarlo lo más mínimo. ¿Qué ocurre? ¿Qué ves? ¿Qué oyes? ¿Qué sientes? ¿Qué pensamientos pasan por tu mente?

HAZ COMPOST CON LAS MALAS HIERBAS DE TU MENTE

El compost es una mezcla mágica de composición y descomposición. Decía el gran maestro zen Thich Nhat Hahn, fallecido recientemente, que cuando observamos una flor, su frescura y su belleza, también vemos el abono que hay detrás de ella, porque esa belleza está hecha, a su vez, de desperdicios. Así que te animo a ponerte el traje de jardinero alquimista para transformar los malos pensamientos en flores y hortalizas.

Los pensamientos negativos suelen ser fugaces y temporales. De no ser así, puede ser que estés instalado en una dinámica que requiere de tu comprensión. Una de las causas de un pensamiento distorsionado puede ser la falta de autoconocimiento y autoestima. De ser así, te recomiendo que leas y pongas en práctica el contenido de mi libro *Te amarás sobre todas las cosas*. Te puedo asegurar que, si te pones manos a la obra, tu vida va a mejorar notablemente.

Un pensamiento tiene el poder que tú le des. Lo importante es que puedas detectar esos pensamientos antes de que aniden demasiado tiempo en tu cabeza. Así que te propongo que sigas estos pasos:

1. **Obsérvate** y trata de imaginar que tus pensamientos son como nubes pasajeras. No te aferres a ellos y sobre todo no los juzgues. Tan solo mantente en la postura de un espectador que se observa a sí mismo. Como si pudieras verte desde afuera. Así que, estés donde estés, emplea esta técnica, sin ninguna expectativa. Puedes decirte: «mi mente está pensando…». Cuando dejamos de aferrarnos a los pensamientos, estos pierden enseguida su poder.

2. **Pregúntate: ¿De qué me está salvando este pensamiento?** Aunque no lo creas, los pensamientos limitantes están ahí para mantenerte a salvo de algo. A veces, simplemente con ser consciente de eso, hace que se disipen por sí solos y dejan de dar vueltas y más vueltas. Trata de averiguar qué estás tratando de evitar. Si, por ejemplo, tienes una presentación en público y te repites que *va a salir mal*, averigua de qué te estás poniendo a salvo. Quizás sea de «hacer el ridículo». Puedes, entonces, hacer todo lo que esté en tu mano para que eso no suceda. Es posible que puedas reforzar tu preparación, elegir un atuendo cómodo, o lo que consideres.

3. **Muévete.** Muchas veces el movimiento nos hace perder el foco. Cuando se apodere de ti el pensamiento negativo, trata de hacer cualquier cosa que implique movimiento. Puedes salir a caminar, correr, bailar, cantar, hacer yoga, pilates o cualquier deporte. También puedes enfocarte en la respiración, poniendo tu atención en la inhalación y en la exhalación, como te he contado un poquito más arriba.

4. **Geolocaliza los malos pensamientos.** ¿Dónde y cuándo se te disparan? Quizás te ocurre con personas determinadas o en contextos muy concretos. Tener esta información puede hacer que

tomes las decisiones pertinentes en cuanto a contextos a evitar.

El pensamiento negativo y descontrolado no es algo natural en el ser humano. Es bien cierto que es necesario en algunos momentos puntuales, puesto que nos ha garantizado la supervivencia salvándonos de muchos peligros a través de los siglos; sin embargo, cuando este tipo de pensamiento es sostenido en el tiempo, tan solo nos resta salud física y mental. Somos incapaces de desactivar esas respuestas fisiológicas al contrario de como lo hacen algunos animales.

LAS CEBRAS NO TIENEN ÚLCERAS

Imagínate que eres una persona del Paleolítico, que oye el rugido de un animal salvaje acechando. Por ejemplo, un oso de las cavernas que se adentra en tu cueva. Rápidamente activarías una respuesta automática de lucha o huida en tu sistema nervioso y toda tu biología cambiaría para reflejar ese estado de emergencia inminente. Pues bien, cuando percibes una situación de peligro, tu tensión arterial aumenta, tu ritmo cardíaco se acelera, las hormonas del estrés se liberan en la sangre e, incluso, se detienen tus funciones orgánicas de crecimiento. Todo eso ocurre para salvarte la vida, ya que automáticamente te dispondrás a atacar o huir, lo que más te convenga en esa situación.

La mala noticia es que tu mente no distingue entre una situación extrema real o la que fabricas en tu cabeza. Así es que toda esta biología también ocurre cuando tienes pensamientos de este tipo y no son reales. Todo tu organismo se activa igualmente y entras en ese modo de protección.

Cuando esa negatividad es algo recurrente en ti, tu cerebro crea circuitos que mantienen a tu atención atrapada en ese bucle. Te vuelves una persona constantemente alerta, hipervigilante, siempre anticipando amenazas y peligros, siempre atrapada en el miedo. Tu estrés y ansiedad se vuelven perpetuos y tu organismo se empieza a debilitar. Es posible que aparezca la enfermedad, la ansiedad o la depresión, porque nadie puede vivir en ese estado continuo de tensión.

Sin embargo, las cebras (y los hipopótamos), a diferencia de los humanos y algunos primates, no tienen úlceras. Así lo escribió el profesor de Biología y Neurología Robert M. Sapolsky, de la Universidad de Standford, en su libro *¿Por qué las cebras no tienen úlceras?* Sapolsky, que además es investigador del Instituto de Primates de Kenia, explica lo poco que les afecta el estrés a estos mamíferos. Cuando una cebra es atacada por una leona, esta prepara una respuesta fisiológica para su huida. Bloquea sus funciones biológicas para no gastar energía y las desbloquea en cuanto el peligro desaparece.

QUIERO SER UNA CEBRA

En nuestro mundo las amenazas son siempre constantes. A mí, como seguramente te pase a ti, ¡me gustaría muchas veces ser una cebra! Nuestra vida moderna es, por lo general, una completa locura. Por esta razón me he dispuesto a escribir este libro y ayudarte a incorporar ciertos hábitos para vivir de una forma más sosegada.

Cuando vivimos en situaciones de estrés y fatiga crónica, nuestro metabolismo reacciona igual que si nuestra supervivencia estuviera amenazada en un entorno salvaje. Lo que pasa es que nosotros no nos enfrentamos a un animal salvaje, sino a otras cuestiones del mundo moderno como son: nuestros trabajos, jefes, las prisas, el dinero, objetivos, entre millones de cosas más.

El presentador David Harris, del que te hablaba al principio, encontró su remedio en la meditación, al igual que millones de personas lo han hecho a través de los siglos.

ABONA TU ATENCIÓN

Te animo a poner las manos sobre tu vientre, inhalar por la nariz profunda y lentamente y sentir cómo entra el aire por tus fosas nasales. Trata de notar la temperatura del aire al entrar e imaginar su trayecto. Siente como el aire va desde tus pulmones hasta tu vientre y observa, a su vez, cómo se expande tu abdomen. A continuación, exhala lentamente por tu boca, volviendo a fijar la atención en su temperatura y sintiendo el estado de tu cuerpo y de tu mente tras prestar esa atención.

¡Muy bien! Acabas de realizar un pequeño ejercicio de atención plena. Según la ciencia, practicar el *mindfulness* de forma regular aporta grandes beneficios a todo nuestro organismo e incluso puede llegar a cambiar la plasticidad de nuestro cerebro. Los estudios científicos lo abalan desde hace relativamente poco tiempo, pero los monjes budistas de todas las escuelas lo abanderan y practican desde hace miles de años.

En esos tiempos que vivimos, de *multitasking*, cada vez tenemos menos capacidad para enfocar y dirigir nuestra atención. Vivimos en una sociedad que fomenta la dispersión. En pocos segundos recibimos miles de estímulos y arrastramos nuestra atención de un lugar a otro, de arriba abajo, como si hiciéramos *scroll up* en nuestros dispositivos móviles.

He querido incorporar este ejercicio al inicio de la lectura para demostrarte que normalmente funcionamos con el piloto automático. La mente tiene el hábito de huir del presente. Nuestra capacidad para enfocarnos donde nosotros decidimos es bastante escasa. Nuestro problema no es el de pensar demasiado, sino el hecho de no tener control consciente sobre nuestra atención. Por eso, cada vez que por nuestra mente aparecen pensamientos, nos sentimos arrastrados por ellos. Lo bueno de enfocar nuestra atención es que nos convertimos en seres más conscientes. Podemos ver más allá de lo que imaginábamos, porque creamos un espacio para ello.

DESCONECTA EL RIEGO AUTOMÁTICO

Por fortuna, en mi casa dispongo de un bonito jardín. Muchas veces desconecto el riego automático para disfrutar observando, nutriendo y mimando cada una de las plantas y árboles que ahí se encuentran.

Por lo general, nosotros funcionamos con ese riego o piloto automático. Sin darnos cuenta nuestros pensamientos y juicios tiñen y determinan toda nuestra experiencia. Nos quedamos atrapados en pensar que todo lo que vemos y sentimos es la «realidad», sin caer en la cuenta de que no es más que una proyección de nuestros juicios y opiniones.

Metafóricamente, el *mindfulness* supondría esa acción de desconectar el riego y coger la regadera. Si las plantas se riegan automáticamente no nos damos cuenta si les hace falta otra cosa. Sin embargo, si las nutrimos de forma manual, seremos más conscientes de sus necesidades. Tenemos un espacio para observar, reaccionar y elegir qué acción tomar.

La atención plena te ayuda a observar esos pensamientos y emociones como eventos pasajeros, no como hechos. Al observar, tienes el espacio y el tiempo para no identificarte con eso que piensas. Te ayuda a ver que todo viene y va. Te conviertes en un observador de tu mente y eso ya de por sí te desconecta del automático dándote permiso para elegir.

Nuestro cerebro es como un músculo diseñado para moldearse con lo que hacemos la mayor parte del tiempo. Es como si tuviera la capacidad de renovar su cableado y cambiar tanto a nivel funcional como anatómico (neuroplasticidad) en tiempo real. Eso es una buena noticia, ya que ¡siempre es un buen momento para empezar!

La práctica de la atención plena es simple, pero no por ello es fácil, ya que requiere de esfuerzo, entrenamiento y disciplina. No se trata de entender a nivel intelectual, sino de practicar, practicar y practicar. Es una forma de meditación que consiste en prestar atención al momento presente, de forma deliberada y sin juzgar. Por lo tanto, hay que dejar a un lado las expectativas de querer tener una experiencia excepcional. En la meditación se considera que **cualquier momento es especial**, excepcional y único. Se trata de recibir la experiencia tal y como venga, sea agradable o desagradable, bonita o fea, porque, en definitiva, de lo que va es de **aceptar el momento presente tal y como es**.

¿Piensa en positivo?

Soy una defensora del pensamiento positivo, pero solo cuando llega por sí solo. De lo contrario, estaremos hablando de un **positivismo naif** que nos aboca a la frustración por expresar una cosa, cuando en realidad estamos sintiendo o pensando otra.

Creer que tenemos que pensar en positivo es cambiar un pensamiento por otro y ¡aplaudo a quien le funcione! No obstante, pensar de una determinada manera es rumiar más, con el peligro de acabar siendo prisioneros de este tipo de pensamiento igual que del negativo. Por supuesto que lo ideal es que nuestra mente acabe siendo más positiva, pero eso no se consigue reemplazando una cosa por otra, sino observando y comprendiendo primero nuestros patrones mentales. Al practicar esa observación, se posibilita que nuestros modelos cambien por sí solos, ya que favorecemos la comprensión y la compasión en nuestra vida.

OBSERVA LA CASCADA

Existe una bonita analogía que considera el proceso de pensar como una cascada. Imagina que te encuentras con un salto de agua cayendo y decides esconderte en el recoveco que muchas veces hay detrás. Estás como en una especie de cueva, con el agua cayendo a dos palmos de ti, observas esa cascada, como si se tratara del flujo de tus pensamientos. Da igual la naturaleza que tengan, buenos, malos, positivos o negativos, en realidad estamos fuera del agua, fuera del pensamiento. Estamos practicando la atención plena. Somos simples observadores, sin juicio.

III

EL CUIDADO DEL TEMPLO

Cómo convertir los quehaceres domésticos en tareas sagradas y de crecimiento

«Barremos el polvo para remover nuestros deseos terrenales. Fregamos la suciedad para liberarnos de nuestras ataduras. Vivimos simplemente y tomamos tiempo en contemplar al yo».

—KENSUKI MATSUMOTO

Si alguna vez has tenido la oportunidad de visitar un templo zen, te habrás dado cuenta de que al entrar te invade una agradable sensación de paz. El jardín se mantiene cuidado con la máxima delicadeza, sin ninguna hoja marchita y ni una sola mota de polvo. Las estancias interiores lucen impolutas e invitan a esa serenidad que tanto caracteriza a los monjes. Parece que el espacio te lleva por sí solo a un estado superior de conexión contigo mismo.

La vida en un templo budista de Japón comienza muy temprano por la mañana. Si algo caracteriza el día a día de los portadores de este hábito es el cuidado minucioso del templo. Para ellos es muy importante el orden y la limpieza, porque consideran ambas tareas un verdadero ejercicio espiritual.

Ordenar y limpiar simboliza algo sagrado. No solo significa quitar la suciedad del templo, sino que se convierte en un maravilloso ejercicio de meditación y en un camino hacia el nirvana o la iluminación. Por eso, dedican un tercio de su jornada a esos quehaceres, ya que, cuando lo hacen, creen que están purificando su mente, su espíritu y sus emociones.

Seguramente nada tiene que ver con lo que has vivido (o vives) en tu casa. Cuando éramos niños, quizás, veíamos a nuestras madres siempre atareadas con la limpieza del hogar. A muchas de ellas se les sumaba su trabajo profesional fuera del domicilio, así que la tarea de limpiar estaba muy lejos de la iluminación. Más bien era algo cercano a la maldición. Y así nos lo hacían saber.

Yo recuerdo a mi madre ordenando, limpiando y cocinando a todas horas. Lo malo es que el «hábito» de la limpieza que se ponía no era nada agradable. Eran momentos de malas caras. «No pises aquí, no toques allá, recoge esto y haz lo otro…». Ahora lo entiendo, puesto que muchas mujeres de esa época cargaban con esa tarea, sumada a un sinfín más, por el simple hecho de ser mujeres y sin contar con ningún tipo de ayuda. Así que muchos de nosotros hemos vivido la limpieza como algo cercano a la obsesión o a la obligación. Desde luego, con una connotación negativa que me gustaría ayudarte a cambiar en este capítulo.

Imagina por un momento que las tareas domésticas fueran parte de tu crecimiento personal. Que además de significar un deber diario (aunque siga siendo tedioso para muchas personas) se convirtiera en algo que escogieras desde el fondo de tu corazón. Imagina cómo sería tu vida si quitar la suciedad de tu casa te liberara de cualquier nube que estuviera ahogando tu alma.

Decía Aldous Huxley que «el secreto de la felicidad y la virtud es amar lo que uno tiene que hacer» y, en esa enseñanza, los monjes son grandes maestros. La cuestión está en qué tipo de energía imprimimos a la inevitable faena de limpiar y ordenar, ya que está en nuestras manos transformarla en un momento de introspectiva reflexión.

ORDEN EXTERIOR, PAZ INTERIOR

Según la filosofía zen, un individuo no puede avanzar por el camino de la iluminación si no posee orden interior, tanto en la mente como en el espíritu. El orden es un proceso infinito que siempre convive con el caos y, por lo tanto, se debe propiciar, ya que, de lo contrario, difícilmente llega por sí solo.

Lo mismo ocurre en nuestros hogares o espacios vitales. Somos conscientes, aunque no nos guste, de que continuamente tenemos que dedicar energía (o incluso, pagar por ello) para mantener esos espacios en perfectas condiciones. En ocasiones, incluso, maldecimos esas tareas —como mi madre— porque sentimos que nos restan tiempo.

Pues bien, lo que te propongo en este capítulo es que, a imagen y semejanza de los ascetas orientales, utilices esos hábitos como una especie de entrenamiento cotidiano para practicar el orden mental y disipar así el caos interno.

El monje zen Keisuke Matsumoto lo explica bien en su libro *Manual de limpieza de un monje budista*. Él dice que ordenar la casa de manera consciente y relajada, quitando el polvo como si lo quitáramos de nuestra propia alma, es una práctica ideal para instruir nuestra mente y espíritu.

EJERCICIO DE *CLEANFULLNESS*

Escoge una tarea doméstica: barrer, lavar los platos, fregar el suelo, quitar el polvo, pasar la mopa, planchar…

Mientras la realizas, abstráete de cualquier otro pensamiento a la actividad que estés realizando. En el caso de que aparezca algo por tu mente, simplemente deja ir ese pensamiento, limpiándolo como lo harías con una mota de polvo que encontraras en tu casa. De nuevo, vuelve a centrar tu atención en la tarea que estés llevando a cabo. La intención de esta práctica es que simplemente te concentres en lo que estés realizando en ese momento. Si por ejemplo estás lavando los platos, puedes sentir el agua cómo resbala por tus manos; notar la temperatura del agua en tu piel; darte cuenta de las diferentes texturas; observar atentamente la diversa tonalidad de colores y prestar atención al sonido del agua al caer. Se trata de que, hagas lo que hagas, enfoques todos tus sentidos en el aquí y ahora.

LA PRÁCTICA DEL *OSOJI*: EL *MINDFULNESS* DE LA LIMPIEZA

En los templos budistas, recién levantados y antes de meditar, los monjes practican el *Osoji*. Durante 20 minutos realizan alguna tarea específica de limpieza. Para ello, antes de acostarse, ordenan cualquier elemento que esté fuera de su lugar, ya que así la limpieza del día siguiente cobra mayor eficacia. Y es que si algo caracteriza a estos religiosos es su eficiencia.

Esta filosofía ha cobrado vida en los últimos tiempos. Varias *instagrammers* y otras personalidades abanderan el orden y la limpieza como una forma metafórica de poner orden en nuestras vidas. Sin ir más lejos, Marie Kondo es ya considerada la gurú japonesa de esta disciplina. Es autora de varios *bestsellers*, e incluso de una serie de

Netflix dedicada a la «magia y felicidad» que la buena disposición de los objetos de una casa puede traer a la vida personal. Tras el fenómeno «KonMarie», otras tantas personas se han sumado a este carro.

Es el caso de Sophie Hinchliffe, conocida como Mrs. Hinch por más de cuatro millones de seguidores en Instagram, que comparte cómo la limpieza le ha servido para combatir la ansiedad, algo tan presente en nuestros días.

Esta nueva filosofía del orden y la limpieza me ha recordado el siguiente cuento espiritual, sobre el discípulo de un templo que consiguió la iluminación gracias a barrer la mugre.

El Maestro de la Escoba

Adaptación de un cuento tibetano clásico
«The Broom Master»

A los pies del Himalaya, vivía un niño alegre llamado Chandra. A pesar de su bondad, sus compañeros de la escuela se burlaban de él por su dificultad en aprender a leer y escribir.

Su hermano mayor, Amal, por el contrario, era un alumno brillante y al cumplir los 16 años decidió ingresar en un antiguo monasterio cercano a su pueblo natal.

Chandra, que admiraba y amaba a Amal, le suplicó que lo llevara con él. Sus padres accedieron, así que Amal, a pesar de que su hermano no sabía ni leer ni escribir, consiguió que fuera admitido como auxiliar en las tareas de limpieza del templo.

Chandra aceptó encantado su trabajo de barrendero y cada día se esmeraba en barrer perfectamente todos los rincones del viejo edificio. Al mismo tiempo observaba con respeto y tristeza el trabajo de los monjes, ya que a él le encantaría formar parte de sus tareas, de las ceremonias y las prácticas de meditación.

Amal enseguida se dio cuenta del pesar de su hermano y a menudo le daba esperanzas en ser monje algún día. Sin embargo, Chandra volvía a caer en su desánimo, puesto que no sabía ni leer ni escribir.

—Tal vez deberías hablar con el abad del monasterio —le sugirió su hermano.

Y así lo hizo el joven. Se dirigió a hablar con el abad del monasterio, quien al darse cuenta de su buen corazón le dijo:

—Renuncia a las acciones negativas. Libérate de los pensamientos negativos —le recomendó el maestro.

Entusiasmado por la instrucción, el joven barrendero dio gracias al abad, pero incluso esta corta frase le suponía un gran problema, puesto que ¡no podía recordarla!

Preocupado, Chandra volvió a la sala del maestro y le contó lo sucedido. El abad reflexionó durante unos minutos y finalmente le preguntó:

—Chandra, tú eres un buen barrendero, ¿cierto? —cuestionó el maestro abad.

—Trato de hacerlo lo mejor posible —respondió el joven.

—Pues bien, deseo encargarte un trabajo especial: quiero que sigas barriendo tan bien como antes, pero al mismo tiempo quiero que recites interiormente esta frase una y otra vez: «Barrer el polvo. Barrer la suciedad». ¿Podrás recordarlo? —le preguntó el maestro.

—¡Claro que sí! ¡Es muy fácil! «Barrer el polvo. Barrer la suciedad» —pronunció el joven.

Y así fue cómo Chandra llevó a cabo el encargo a la perfección, limpiando con esmero los pasillos, los salones y el gran templo con un solo pensamiento en la mente: «Barrer el polvo. Barrer la suciedad».

Sin embargo, transcurrido un año, el joven se preguntaba si no habría más tareas o lecciones para él, así que se acercó al abad y se lo preguntó. El maestro atentamente le contestó:

—Veo que has progresado mucho. Te sientes en paz porque vives el «aquí y ahora». Ahora quiero que pienses esto: cada vez que barres, también debes barrer de tu mente todo lo que te ensucie interiormente —le sugirió.

—Pero ¿qué significa exactamente eso? —cuestionó Chandra.

—Significa que el polvo y la suciedad contaminan lo que es bello y bueno. Por eso debes barrer adentro y afuera. Barrer el polvo. Barrer la suciedad —apuntó el maestro. Pero, tras una breve pausa, continuó—: «Ahora quiero encomendarte algo nuevo. Trata de relacionar lo que te he dicho con la primera frase que te entregué: «Renuncia a las acciones negativas. Libérate de los pensamientos negativos». Eso también es barrer. Practícalo. —concluyó el maestro.

Chandra reflexionó sobre la nueva enseñanza y enseguida la puso en práctica. Al observar a los monjes, se sorprendió diciéndose a sí mismo: —*Me gustaría sentarme con ellos, pero no sé leer ni escribir. Se burlarán de mí*—. Pero enseguida notó como su mente estaba siendo contaminada por pensamientos negativos y lo entendió: —*Barrer el polvo. Barrer la suciedad* —se repitió.

Otro día, de nuevo cayó en la cuenta de ese saboteador interno y se observó a sí mismo pensando: —*Si yo fuera más instruido, entonces... ¡Más basura para eliminar! Barrer el polvo. Barrer la suciedad* —se dijo.

Feliz por el nuevo aprendizaje que daba un nuevo significado a su humilde tarea de barrendero, Chandra fue a la sala del maestro y le agradeció por sus enseñanzas.

El viejo abad sonrió y le dijo:

—Has comprobado la importancia de barrer el polvo y la suciedad exterior e interior. Ahora simplemente debes contemplar con atención la limpieza y el orden que son la consecuencia de un trabajo bien hecho —pronunció el maestro.

Chandra volvió a su trabajo, barriendo y limpiando todos los rincones del viejo monasterio, pasando a ser respetado por todos los monjes, quienes empezaron a llamarlo «el Maestro de la Escoba». Y así, el humilde barrendero, sin haber leído ni una sola línea de las sagradas escrituras del budismo, alcanzó la Iluminación.

Te animo a probar esta práctica de meditación diaria, como el protagonista de este cuento que, barriendo el polvo, conseguía sacar hacia fuera la suciedad del templo y de su mente. Lo importante está en que aprovechemos el momento *mindfulness* que implica cada tarea de limpieza para contemplar y meditar. Se trata de hacerlo a diario, ya que, como sabes, instaurar un nuevo hábito requiere continuidad. No es necesario dedicar mucho tiempo y esfuerzo. Tan solo disponer de una buena organización como la que te detallo en los siguientes consejos:

TIPS DE LIMPIEZA PARA DESENPOLVAR TU ALMA

1. **Tira, vende, regala o remienda.** Tenemos una gran cantidad de objetos que no utilizamos y vamos guardando por cariño o por pereza. A la hora de ordenar nuestro hogar, debemos comenzar por deshacernos de todo aquello que, en realidad, no necesitamos y solo ocupa espacio.

   Los monjes budistas reservan dos días al mes para cuidar, reparar y remendar los objetos que tienen a su alrededor. Las cosas, para ellos, suponen una analogía de las personas que les rodean. Creen que, si somos capaces de remendar descosidos, también lo seremos para recuperar aquellas relaciones personales desgastadas.

Nuestra sociedad de consumo desenfrenado cree que todo es reemplazable. Sin embargo, la filosofía oriental nos invita a hacer un alto en el camino y a tratar con amor cualquier cosa, cualquier persona y, por supuesto, al planeta. Practican la verdadera sostenibilidad, puesto que la basura para ellos no existe.

Los desechos orgánicos pueden ser abono para la tierra y los objetos desgastados pueden cobrar una nueva vida. Por supuesto, esta filosofía va ligada al hecho de frenar el consumo y de no poseer más de lo necesario. Un verdadero entrenamiento para cuidar todo lo que está a nuestro alrededor y remendar las relaciones con el prójimo, antes de desecharlas.

2. **Limpia cuando puedas.** Los monjes zen nunca limpian de noche, al contrario, ellos lo hacen a primera hora de la mañana, puesto que limpian «para eliminar las impurezas que nublan su alma». Su jornada empieza muy pronto. Se lavan la cara, se visten y empiezan con las tareas domésticas. Ellos consideran que, si exponen su cuerpo al aire fresco, justo antes del alba, notan como se apaciguan los sentimientos y la energía brota con mayor intensidad. En tu caso, hazlo cuando puedas. Nuestro ritmo vertiginoso a duras penas nos permite añadir más cosas que hacer. Pero cuando lo hagas, recuerda poner la misma intención que los monjes.

Es una forma de desahogarse, puesto que sacan metafóricamente la suciedad que puedan albergar dentro y dejan que se renueve con el aire fresco de cada mañana.

Si has dejado las cosas en su lugar la noche anterior (por supuesto, también el resto de tu familia si convives con ella), será más fácil llevar a cabo esta práctica meditativa. Lo ideal es mantener el orden durante toda la jornada. De esta manera, al acostarte no te supondrá ningún esfuerzo extra. Se ha demostrado que dormir en una estancia ordenada hace que el sueño sea mucho más regenerador y más profundo.

3. **Airea las estancias.** A mí es algo que me encanta y es lo primero que hago al levantarme: ¡abrir todas las ventanas! Siento como el aire poco a poco se renueva , y también el de mis pulmones. Es un ritual de purificación que me hace acoger de otra manera el día que empieza.

¿Sabías que un hogar de tres o cuatro personas gasta entre diez y quince litros de agua al día? Esto significa que cocinar, ducharse, planchar y sudar acumulan mucha humedad en el aire. Por esta razón hay que ventilar de forma regular. De lo contrario, la humedad permanece en las habitaciones y aparece el moho, junto a las bacterias, algo que, aparte de poco atractivo, es perjudicial para la salud. Además, cuanta más gente haya en una habitación, más CO_2 se produce, con lo que el ambiente se vuelve más cargado y, por lo tanto, provoca que nos sintamos más cansados.

Los monjes ventilan muy bien el templo. Creen que el estado de ánimo también depende de lo turbio que esté el oxígeno. Por lo tanto, de nada sirve limpiar si antes no se regenera el ambiente y no llenamos de aire fresco nuestros pulmones. A la vez que aireamos el hogar, estamos fortaleciendo nuestro sistema inmunológico y respiratorio.

Ventilar supone una manera de contactar con la naturaleza, tanto si hace frío como calor. Es una manera de sentir las estaciones en nuestra propia piel. De aceptar que somos parte de ella.

EJERCICIO. VENTILA PARA QUE TU CASA RESPIRE

Ventila tus estancias, tanto en invierno como en verano. En los días más frescos del año, deberías ventilar tu casa 4 o 5 veces al día durante 5 o 10 minutos como máximo. En verano puedes hacerlo tantas veces como lo desees, aunque para evitar que entre el aire caliente, te recomiendo que lo hagas a primera hora de la mañana y/o a última hora de la tarde.

Utiliza la ventilación cruzada. Se trata de hacer que entre el máximo volumen de aire fresco en poco tiempo. Para ello, apaga la calefacción para no derrochar energía y abre las ventanas de todas las habitaciones. Al mismo tiempo, abre también todas las puertas. Después de solo dos minutos de ventilación cruzada en invierno, el contenido de humedad de tu casa disminuirá significativamente.

En el dormitorio, ventila intensamente después de levantarte. Para ello, retira el edredón y la almohada del colchón para que también puedan airearse.

Abre las ventanas del baño y la cocina después de ducharte y cocinar, ya que son puntos donde se acumula mucha humedad.

---

4. **Rota las tareas.** En los templos, los monjes se reparten los quehaceres y van cambiando periódicamente de funciones. La persona que se encargaba de los lavabos, pasa a encargarse del jardín y esta de la cocina y así sucesivamente. De esta manera, todos experimentan de forma práctica todas las labores que se realizan en el templo y acaban estableciendo fuertes vínculos entre ellos. Las rutinas pasan a ser un verdadero trabajo de equipo. Lo que uno hace o no hace, beneficia o perjudica a toda la comunidad.

Lo mismo puedes hacer tú. Podemos rotar las labores entre todos los miembros convivientes en el domicilio y, sobre todo, hay que involucrar a nuestros hijos en las labores cotidianas. Lo podemos hacer de manera divertida y, de este modo, aprenderán hábitos, ganarán autoestima, independencia y se forjarán vínculos emocionales más fuertes.

5. **No dejes para mañana lo que puedas hacer hoy.** O lo que es igual, un dicho que proviene del zen: «desvincúlate del antes y del después». Esto significa que no debemos arrepentirnos del pasado, ni preocuparnos por el futuro, sino vivir plenamente el presente. Si esto lo aplicamos a la limpieza, el dicho reza como el título de este apartado. Los monjes zen no creen en la procrastinación y así no desgastan energía pensando en las tareas que dejaron pendientes. Cuanto menos tiempo dejemos que las impurezas manchen nuestra casa y nuestro espíritu, menos esfuerzo nos costará eliminarlas. De esta forma, te puedo asegurar que cada día te despertarás más limpio, más tranquilo y con la mente más sosegada.

EJERCICIO PARA DEJAR DE POSTERGAR USANDO LA REGLA DE LOS DOS MINUTOS

Usa esta sencilla regla cuando sientas que estás postergando una tarea por algún motivo.

Pregúntate si lo que tienes que realizar podrías llevarlo a cabo en menos de dos minutos. De ser así, hazlo en el acto. Si resolvemos en el momento pequeñas cosas que tenemos pendientes, evitaremos que se nos acumulen. Nos sentiremos más activos, organizados, con mayor energía, confianza y autoestima.

Si, por el contrario, lo que quieres es instaurar un nuevo hábito, pero nunca encuentras el momento idóneo, empieza haciendo lo que te dé tiempo en tan solo dos minutos. La idea es hacer que tu hábito se instaure de la manera más sencilla. Por ejemplo, si lo que quieres es leer más, puedes empezar por leer una sola página de un libro; si deseas hacer yoga, pero nunca tienes tiempo, puedes empezar preparando tu esterilla y haciendo solo un asana; si deseas escribir, pero no encuentras el momento, empieza escribiendo un solo párrafo… Verás cómo con esta regla instaurarás un nuevo hábito y poco a poco serás capaz de encontrar el tiempo y el espacio adecuado para llevarlo a cabo.

HAZ DE TU CASA, TU TEMPLO

Para un monje, el templo es un lugar sagrado. Es la analogía del estado de su mente, por eso se esmeran tanto en cuidar todas sus dependencias.

Según la Organización Mundial de la Salud, pasamos en espacios cerrados entre el 80 % y el 90 % de nuestro tiempo. Si a esto le sumamos que hemos sufrido varios confinamientos domiciliarios debido a la pandemia de la covid, nos daremos cuenta de que el ambiente interior influye enormemente en nuestra salud y bienestar emocional.

Cuando lo tenemos todo bien ordenado y limpio, nuestra vida fluye mejor, porque nos sentimos bien con nosotros mismos. Nuestra energía y nuestra creatividad emana con más fuerza.

Te propongo adaptar en tu casa algunos hábitos de orden y limpieza que los monjes mantienen en sus diferentes estancias, haciendo que sus vidas sean completamente zen.

- **Dormitorios: armarios y cajones ordenados**
  Los monjes son muy cuidadosos y ordenados con las pocas prendas que poseen. El cambio de armario es un acontecimiento especial, porque esto les recuerda el cambio de las estaciones y del pasar del tiempo. Tanto si tú haces cambio de armario como si no, aprovecha cada estación para actualizar tu vestuario. Puedes vender, regalar o darle otro uso a la ropa que ya no utilizas.

  Esto liberará un sinfín de espacio y, metafóricamente, estarás más preparado para recibir lo bueno que está por llegar a tu vida.

  Cuando coloques las prendas, asígnales un lugar específico para que te sea más fácil encontrarlas en tu día a día. Pero, sobre todo, mantente siempre consciente. El orden y el uso de los armarios o cajones es una manera de entrenar tu presencia. Cada vez que abras una puerta, ciérrala de nuevo tras su uso. De esta manera desconectas el piloto automático y estás presente en todo lo que haces.

  Los monjes utilizan bolitas de ciprés para ahuyentar las polillas. Tú puedes usar sobres perfumados con esencias naturales, que además de cumplir esta función, te servirán para perfumar tus prendas.

  Algo que podemos extraer de todo esto es la toma de consciencia del paso del tiempo. Ser consciente de cada temporada es una bonita manera de agradecer las experiencias y los bienes que uno va acumulando. Una forma de vestirnos de sabiduría, conocimiento y madurez conforme van pasando nuestras épocas de la vida.

- **Cuarto de baño y cocina siempre relucientes**
El lavabo y la cocina son las principales estancias de una casa. En los templos, los monjes se esmeran para que siempre luzcan impolutos, tanto que incluso se pueda celebrar una ceremonia.

La bañera se considera divina, porque de ahí emana el agua y esta es sinónimo de vida. Matsumoto dice: «Donde hay vida hay un camino». El agua es un símbolo de purificación. Un lugar en el que cada mañana y cada noche puedes depurarte. A mí me gusta pensar que el agua matutina arrastra todas las impurezas, las malas energías o toda «aquella suciedad» que me perturba.

Los monjes se bañan de rodillas, sentados sobre sus pies. En silencio, se van vertiendo poco a poco el agua caliente con un cubo. No desperdician ni una sola gota y, además, lo hacen sin ruido, para no molestar a los demás. ¿Te imaginas cómo sería nuestra vida si en todas las acciones que realizáramos tuviéramos en cuenta al otro? Desde luego, el mundo sería distinto.

Ellos consideran que un lavabo limpio es símbolo de hospitalidad. De hecho, se ha demostrado que la sensación de limpieza y frescura causa bienestar psicológico y emocional positivo en los demás. El orden llama al orden, por lo tanto, inconscientemente se crea la necesidad de mantener el espacio en las mismas condiciones. Aunque los monjes zen no se conforman con eso. Poseen la premisa de dejar las cosas mejor que las encuentran. De esta manera creen que fomentan el equilibrio en el mundo.

Esto me recuerda una frase de santa Teresa de Calcuta, que reza algo así: «No permitas que nadie se acerque jamás a ti sin que al irse se sienta mejor y más feliz».

• **Un recibidor hospitalario**

Uno de los significados del vocablo «recibidor» es «que recibe bien». Los samuráis japonenes llamaban a la entrada de la casa algo así como «barrera para entrar a un lugar avanzado». Del mismo modo, los monjes mantienen este lugar bien limpio porque antes de cruzar esta «muralla» hacia enseñanzas de mayor sabiduría, hay que empezar con hábitos básicos.

El recibidor es el primer lugar en el que damos la bienvenida a nuestros invitados. Una bonita manera de demostrar hospitalidad es mantenerlo en impecables condiciones. Los nipones se esmeran en que ese lugar transmita paz, orden, calma y frescura, que incluso invite a disfrutar de una maravillosa ceremonia del té.

¿Has oído hablar alguna vez de este gran acontecimiento? La ceremonia del té es una tradición que pasa de generación en generación. Un gesto de hospitalidad, de buenos modales y educación. Así, si lo transportamos a nuestro hogar, nos podemos quedar con la moraleja de cuidar este buen recibir como un gesto de delicadeza hacia el otro.

La ceremonia del té

La **ceremonia del té japonesa,** en japonés *chanoyu*, consiste en la preparación de té verde en polvo (matcha) mediante un ritual de origen budista-zen con el propósito de conseguir un cierto autoconocimiento y aprendizaje en el mundo espiritual. Para ello se sigue el *chado, shado, «camino del té»*, que trata sobre el estudio o la doctrina de la ceremonia del té.

La **ceremonia del té japonesa** está considerada como un **regalo excepcional que el anfitrión hace a los invitados**. Ofrecer una ceremonia de té es sinónimo de hospitalidad. De igual forma, los invitados deben agradecer y valorar profundamente el hecho de participar en la ceremonia.

Dentro de la ceremonia del té se encuentran cuatro principios fundamentales de tradición zen, como son: la armonía y el respeto entre las personas y la naturaleza; la pureza mental y sensorial; así como la tranquilidad que deriva de la paz mental y de la percepción de abundancia en la naturaleza.

- **Cristales limpios**

El pensamiento budista da mucha importancia a ver la verdadera naturaleza de las cosas. Por esta razón los monjes zen ponen mucho hincapié en limpiar los cristales. Para ellos son un símbolo de transparencia y desapego. Si el cristal de las ventanas está empañado o manoseado, nuestro espíritu acabará enturbiándose también. Existe una analogía entre la limpieza de la ventana y la clarividencia. Si está sucio el cristal, el egocentrismo puede nublarnos la vista. Así que toma nota y mantén tus cristales limpios. Es una forma de entrenarnos para ver las cosas como son, manteniendo nítido nuestro espíritu. Mantener los cristales limpios puede recordarte la misión de mantener limpia tu manera de mirar. De esta forma, cultivarás la paz, ya que eliminas la distorsión que produce la suciedad exterior e interior.

- **Un Jardín celestial**

Si tienes el privilegio de tener jardín en tu casa estás más cerca de la naturaleza de la que somos parte. Los monjes budistas ven el jardín zen como un punto de equilibrio entre la naturaleza y el hombre.

Muchos de nosotros vivimos en ciudades, o disponemos de pocos metros cuadrados, pero siempre tenemos la posibilidad de crearnos un espacio más natural en nuestros domicilios. En el interior de casa, podemos usar materiales ecológicos, tejidos orgánicos y cultivar nuestro pequeño jardín, aunque sea con alguna planta.

El jardín, de forma metafórica, se asimila a la mente. A veces crecen flores hermosas, y otras, lo hacen las malas hierbas. Así que cuidar del jardín, o de alguna planta, puede ser una bonita manera de cultivar la belleza de tu mente.

AL ENTRAR Y AL SALIR DE TU CASA: OBSERVA TUS PIES

En la entrada de nuestra casa, normalmente tenemos una alfombra en la puerta que dice «bienvenido», que sirve para limpiar la suciedad que traemos de la calle. Sin embargo, si llegamos a un templo, no nos recibirá este tipo de saludo, sino una inscripción que dice: «observa tus pies».

Esto se debe a que en la entrada de las casas o templos japoneses se encuentra un zapatero donde normalmente la gente coloca ahí su calzado antes de pasar al interior. La forma de dejar los zapatos cobra vital importancia, ya que habla de nuestro orden mental. Si uno tiene la mente distraída, deja los zapatos tirados. Sin embargo, una persona consciente los deja de forma pulcra en el zapatero. Por eso, la advertencia de «observa tus pies» te devuelve al presente, a ese preciso momento y a la consciencia antes de adentrarte en la casa.

Esta advertencia también tiene una parte filosófica y poética. Es una invitación a plantearte: *¿Cómo estás en este preciso instante? ¿Cómo andas o caminas por la vida?* Cualquier momento es el idóneo para plantearte la forma en la que quieres estar en el mundo.

Así que, cuando entres en tu casa, observa tus pies. ¿Acaso hay mejor tarea en el mundo que mejorarte día a día?

EJERCICIO. OBSERVA TUS PIES

Al salir de tu casa, obsérvate los pies con la intención de retomar ese presente que muchas veces se nos escapa fugazmente. Ánclate al momento sin dejar que los cristales por los que miras te distorsionen.

Es una oportunidad de valorar y agradecer lo que tienes: tu hogar, tu trabajo, tus amigos, la familia y tus bienes.

Cuando cierres la puerta de tu casa, toma una respiración profunda y dedica unos segundos a ser agradecido con la vida y verás como con este hábito, junto al de barrer la suciedad de tu vida, hace que tu existencia se vuelva más plena y más feliz.

IV

EL TENZO:
EL MONJE CELESTIAL
QUE ILUMINA LA COCINA

La fórmula zen para cocinar

los alimentos y tu vida

«Cuando hiervas el arroz, observa la olla
como tu propia cabeza; cuando enjuagues el arroz,
date cuenta de que el agua es tu propia vida».

—EIGEN DOGEN

La belleza de lo cotidiano

¿Te imaginas que algo tan usual como cocinar y comer se convirtiera en una forma de alcanzar la iluminación?

En la filosofía zen, el arte culinario es pura poesía. Los alimentos son sagrados, por lo tanto, se consideran una verdadera ofrenda al trabajo de los monjes. Al igual que ellos, tu día a día en la cocina se puede convertir en un espacio para entrenar tu bienestar y el de las personas que te rodean.

En los templos budistas zen, el tenzo o *monje celestial* es el encargado de alimentar a la *shanga* (comunidad, en sánscrito) y de propiciar una buena digestión antes de cada meditación. El cocinero merece el respeto de cualquier superior de la orden, porque cocinar es un camino espiritual. Al igual que también lo es cualquier acto de la vida cotidiana realizada con conciencia, presencia y amor.

El tenzo es un alquimista que prepara y dirige las tareas culinarias siguiendo el *tenzo kyoku*b. Este contiene las **«Instrucciones para el monje a cargo de cocinar las comidas»,** datado de 1237 y escrito por el maestro zen Eihei Dogen.

La magia del zen es que todo lo que se realiza, se hace con la plenitud del ser, poniendo todos los sentidos en cada tarea. De esta manera, la cocina se convierte en una herramienta para nutrir el cuerpo y alma. Una vía para transformar el día a día en un camino de equilibrio y armonía que, deseo de todo corazón, sea de gran inspiración para tu vida.

Lecciones del *tenzo kyokub*

Te dejo algunas enseñanzas de este maravilloso texto, que nos invita a recuperar esa reverencia hacia los alimentos. Nos recuerda que cocinar, ya sea en un templo zen o en nuestros propios hogares, es mucho más que nutrir el cuerpo físico.

> *«El tenzo inicia la preparación de la comida del día siguiente. Cuando lavéis el arroz o las legumbres, hacedlo con vuestras manos, en la intimidad de vuestra propia mirada, con diligencia y conciencia, sin que vuestra atención se relaje un solo instante. No seáis cuidadosos para una cosa y negligentes para otra. Procurad que ni una sola gota del océano de los méritos se os escape. No perdáis la ocasión de agregar vuestro grano de polvo a la cima de la montaña de los actos benéficos…»*

> *«Tras haber terminado la comida del mediodía, el tenzo busca al intendente que le entrega cereales, legumbres y otros productos para la comida del día siguiente. Una vez que estos productos están en vuestras manos, debéis cuidarlos como a la niña de vuestros ojos. ¿Acaso no dijo el maestro zen Honei Nin'yu: "los objetos*

y los bienes de la comunidad que utilizáis cotidianamente son la niña de vuestros ojos, protegedlos y cuidad de ellos"? Tratad los alimentos con el mismo respeto con el que trataríais a los destinados a la mesa del emperador».

«Cuando cocinéis no miréis las cosas ordinarias con una mirada ordinaria, con sentimientos y pensamientos ordinarios. Con esta hoja de legumbre que tenéis en vuestras manos construid una maravillosa morada de buda y haced que este ínfimo grano proclame su ley».

«Este es el desarrollo de la vida de un tenzo que consagra su atención a la preparación de la comida, sin perder el tiempo en cosas inútiles. Si vuestras actividades son auténticas y actuáis por el bien de los demás, todo lo que realicéis alimentará el cuerpo de la última realidad. En contrapartida, nuestra gran sangha sentirá un bienestar apaciguador y gustará de practicar».

«Canta mientras preparas tus ingredientes y tu asistente debe de hacer lo mismo. De esta forma alabas al espíritu guardián del fogón».

«No generes una mente desdeñosa cuando preparas un caldo. No generes una mente de alegría cuando preparas una sopa fina. Donde no hay discriminación no hay mal sabor».

«La cocina es indudablemente un ritual que nos ofrece iluminación espiritual. Practícala lo más que puedas y agradece a quien tú creas por la elevación que ofrece el sendero de la cocina».

«Aunque seáis superior de un monasterio, encargado de una función o simple monje, no olvidéis actuar siempre con alegría, benevolencia y grandeza de espíritu».

Cómo cocinar tu vida

Este bello epígrafe da nombre a una película-documental que llegó a mis manos por parte de un buen amigo. Dirigida por Doris Dörrie, nos muestra una de las clases magistrales de cocina zen, protagonizada por el maestro Edward Espe Brown del Centro Tassajara Zen Mountain de California, autor también de varios libros de cocina.

Sus clases son lecciones de vida, tanto como de cocina. Su deseo es transmitirnos que, mientras cocinamos, no solo trabajamos con la comida, sino que también lo hacemos en nosotros mismos y en nuestras relaciones personales. Hagamos lo que hagamos, tenemos la oportunidad de habitar el presente, ya sea meditando, andando o… cocinando.

Comer es algo más que ingerir alimentos, y cocinar es un acto de puro amor y generosidad. La cultura zen siempre pone el foco en encontrar la felicidad en lo cotidiano. Sin esperar grandes quimeras por las que alegrarnos, sino celebrando lo que ya tenemos la gran parte de nuestro tiempo. Creo que la magia se sucede cuando te enamoras de tu día a día, ¿no crees?

No hay mayor belleza y mejor receta para la vida que aprendamos a ocupar la mente con todo aquello que hacemos en cada momento. De esa manera, podemos desarrollar la atención y el conocimiento utilizando, en este caso, la comida como un ancla. El maestro Brown dice: «cuando laves el arroz, lava el arroz. Cuando cortes las zanahorias, corta las zanahorias. Cuando remuevas la sopa, remueve la sopa». ¿Acaso no es hermoso aprender a estar presentes usando nuestros sentidos al comer y al cocinar?

Prepara los alimentos con las tres mentes

Todos sabemos que nuestro día a día adquiere su significado dependiendo de la forma en la que vemos las cosas. Muchas veces los quehaceres diarios pueden parecernos un obstáculo o, incluso, un verdadero incordio. Sin embargo, me gustaría ayudarte a obtener otra mirada. He aprendido que nuestras tareas cotidianas son una verdadera fuente de inspiración y aprendizaje.

Confucio decía: «Elige un trabajo que te guste y no tendrás que trabajar ni un solo día de tu vida». Quizás la magia suceda en conseguir que lo que hay que hacer lo hagamos con gozo y alegría.

Dicen que la aptitud suma, pero que la actitud multiplica. ¿Te gustaría disfrutar mientras preparas los alimentos? Pues aquí te dejo unos ingredientes especiales de la filosofía zen. Tres actitudes mentales que, estoy segura, aderezarán tu cotidianidad en la cocina y harán de tus platos la mejor de las alquimias:

- **Un buen puñado de *kishin* o de una mente gozosa.** No sé si hay algo más elevado que sentir gozo. Es el ingrediente por excelencia, el que otorga la mayor intensidad de los sentidos. En el cristianismo existe la creencia que el gozo forma parte del Espíritu Santo, mientras que en el budismo es la consciencia de creerse un milagro. Por lo tanto, intensifica tu comida con esa mente gozosa, esa alegría por saberte vivo, de poder preparar algo tan sagrado para tus seres queridos y sentir una inmensa gratitud por disponer de alimentos.

- **Un manojo de *rōshin* o mente de los padres.** El amor que sienten los padres hacia sus hijos es el más grande que existe. Un padre o una madre sería capaz de dar la vida por sus pequeños. Es la mente del amor bondadoso, la compasión y el altruismo. Así que trata de añadir esta mente a tus platos, porque a la vez que ofreces comida también proporcionas ese sabor a amor incondicional.

- **Una ración de *daishin* o de mente magnánima.** Incorpora a tus guisos esa mente imparcial, que no hace distinciones. Lo mismo valora una hoja de lechuga que lo hace con un canapé de caviar y, así, trata de sentir esa alegría profunda por todo lo que te rodea, con total equidad.

EJERCICIO. COCINA SIN EL PILOTO AUTOMÁTICO

Resérvate un tiempo para realizar este ejercicio. Te propongo cocinar un delicioso caldo vegetal, pero sin utilizar ninguna máquina picadora o robot. Lo importante de este ejercicio no es el resultado final, sino el proceso. Se trata de que te concentres al máximo en la tarea que vas a realizar. Si pasa algún pensamiento por tu mente, simplemente déjalo pasar, sin aferrarte a él y vuelve a centrarte en la actividad. Este ejercicio consiste en estar presente en todo momento sin dejar que aparezca el piloto automático.

1. Escoge las hortalizas y verduras que más te gusten para realizar un caldo de verduras.
2. Dispón de una tabla para cortar los alimentos y un buen cuchillo.

3. Lava las verduras y hortalizas con atención. Trata de fijarte en los colores de los alimentos, en su olor y textura.

4. Siente la temperatura del agua y percibe los alimentos cuando se hidratan. ¿Puedes percibir algún cambio?

5. Ahora, corta cada verdura en cuadraditos idénticos, tratando que de ninguno se salga de la tabla.

6. Observa la sombra que se proyecta con el cuchillo. Pon atención al ruido del corte, al tacto del cuchillo.

7. Mantente con atención en todo momento e incorpora tus tres mentes (gozosa, de los padres, magnánima) mientras practicas el ejercicio.

Frugalidad en tus menús

En cualquier monasterio, los ascetas comen estrictamente lo necesario para sobrevivir y evitan cualquier desperdicio. Para ello, el *tenzo* planifica exhaustivamente los menús semanales.

Si utilizamos esa misma filosofía en nuestras cocinas, nos convertiremos en personas mucho más sostenibles, sanas, a la vez que ahorraremos en recursos y tiempo.

En nuestro día a día, muchas veces echamos mano de lo primero que encontramos en la nevera para elaborar nuestros platos. Yo soy la primera que a menudo voy a salto de mata por no haberme planificado con antelación. Sin embargo, he descubierto un sinfín de ventajas en el hecho de pensar con antelación mis menús semanales. Te las cuento a continuación:

- Te empodera en tu decisión de tomar el control sobre tu alimentación.
- Puedes decidir comer de forma más consciente cuando lo ves plasmado en un papel.
- Es una buena herramienta para paliar el hambre emocional o descontrolada.
- Tienes la oportunidad de planificar un menú más equilibrado, ya que puedes distribuir perfectamente los macronutrientes en las cantidades justas a lo largo de la semana.
- Te haces la vida más sencilla. No tienes que pensar constantemente en qué puedes cocinar y qué comprar.
- Ahorras un sinfín de tiempo, dinero y energía en el supermercado, pues te limitas a comprar según lo previsto.
- Tienes opción de planificar tus compras y decidir dónde quieres comprar tus productos.
- Reduces al máximo los desperdicios, ya que solo comprarás lo que está planificado.
- Te da la oportunidad de alimentarte mejor eligiendo alimentos de temporada.

Como ves, son muchas las virtudes de planificarte. Sin embargo, puede ser que para empezar te resulte excesivo. Si es así, te aconsejo hacerlo un par de días a la semana para instaurar el hábito y, cuando te sientas preparado, puedes ir aumentando la frecuencia.

Trata de buscar la sencillez. No es necesario preparar un plato demasiado elaborado, porque si no, nos perderemos en la complicación. Recuerda que lo importante es el camino y no tanto el resultado.

Guía para planificar un buen menú semanal

PARA EL ALMUERZO Y LA CENA:

LA MITAD DEL PLATO: VEGETALES

Llena la mitad del plato de verduras y hortalizas y, al menos, en una de las comidas del día, que estas sean crudas, aunque puedes combinar también la verdura cruda y la cocida en una misma comida. Esto equivale también a un tazón de crema o sopa de verduras. Escoge los vegetales de todos los colores y limita el aceite que añades (máximo 3 cucharadas al día).

UN CUARTO DEL PLATO: PROTEÍNAS MÁS LIGERAS

Pollo, pavo, pescado, huevos, legumbres, tofu… Limita la carne roja, y evita las procesadas como los embutidos. La ración es lo que equivaldría a la palma de la mano, o al puño cerrado.

OTRO CUARTO DEL PLATO: CEREALES, MEJOR INTEGRALES

Trigo, quinoa, avena, arroz… Esto equivaldría a un par de rebanadas de pan integral, una patata del tamaño de un huevo, y a media taza de arroz, pasta o cereal.

De postre, una pieza de fruta o un yogur. Y para beber, agua, té, café o infusiones. Y si tomas leche, mejor optar por una leche vegetal, un vaso al día.

PARA DESAYUNAR

Combina hidratos de carbono, como pan y cereales sin azúcar (avena, por ejemplo); proteínas (huevo, queso, yogur, atún…) y fruta.

MEDIA MAÑANA Y MERIENDA

Son buenos momentos para incluir un aporte de grasas saludables en forma de frutos secos. También puedes optar por un yogur con fruta o por fruta con unos 30 g de chocolate negro.

Compasión, comer con pasión

Shantideva, un erudito budista del siglo VIII, dijo: «Toda la felicidad del mundo viene de desear el bien a los demás. Todo el sufrimiento del mundo viene de desear la felicidad únicamente para uno mismo».

El oficio de la cocina incluye la elección de los ingredientes. En la cocina zen se puede comer de todo, aunque algunos templos limitan la ingesta de animales. Lo importante es seleccionar con conciencia los alimentos que consumimos y tratarlos con compasión. Es importante conocer su procedencia y saber cómo se producen, porque al final «somos lo que comemos», como dijo el filósofo alemán Ludwig Feuerbach.

Todo, absolutamente todo, aunque no lo creamos, está interrelacionado, incluso lo que cocinamos e ingerimos. Por eso, los monjes budistas tienen un respeto absoluto por la naturaleza y tratan de comer sin dañar al prójimo, ya sean personas o animales.

Beneficios del vegetarianismo

- **Comer vegetales influye positivamente en nuestro estado de ánimo.** Diversos estudios han revelado que los vegetarianos podían ser más felices que los carnívoros.

- **Previene enfermedades** como: enfermedades coronarias, hipertensión, obesidad, diabetes tipo 2, cánceres relacionados con la dieta, diverticulitis, estreñimiento y cálculos biliares. Esto se debe a una mayor ingesta de fibra, de fitonutrientes, antioxidantes, flavonoides y carotenoides.

- **Se ingieren menos tóxicos.** Las bacterias, los parásitos y las toxinas químicas son más comunes en las carnes, aves y mariscos comerciales en comparación con los alimentos vegetales de origen orgánico.

- **Aumenta la longevidad.** Algunos estudios han determinado que los vegetarianos disfrutan de una vida más larga y saludable en comparación con los que toman grandes ingestas de carne.

- **Beneficio para el planeta.** Las dietas vegetarianas utilizan una menor cantidad de agua, por lo tanto, se reduce su consumo a la mitad. A su vez, se reduce el uso de combustible, los gases de efecto invernadero y protege a nuestros bosques.

EJERCICIO. El reto sin carne por un planeta feliz

Si eres de los que no puede vivir sin carne, te propongo el reto de reducir tus ingredientes de origen animal **el máximo de días que seas capaz.**

Escoge **el día o los días de la semana** en los que no comerás productos de origen animal. Se trata de sustituir esos productos por otros de origen vegetal, con la consciencia de estar beneficiando tu salud y la del planeta.

Si tienes familia, podéis hacer el reto todos juntos. Estoy segura de que tus hijos disfrutarán a lo grande de participar en el juego. Puedes hacer que colaboren decidiendo los alimentos de origen animal que sustituiréis por los vegetales.

La belleza y el amor incluso en el plato

Kakuho Aoe, monje cocinero de un templo budista japonés, dice: «Un plato es el resultado de pensamientos amorosos». ¿No te pasa que si los alimentos están bien presentados la comida te sabe mejor? A mí, en lo personal, me parece una manera preciosa de cuidar al prójimo. Aunque cocinemos platos sencillos, creo que es importante que nos ocupemos de su estética, ya que se suele decir que la primera impresión que tenemos entra por los ojos.

Una simple ensalada, bien presentada, puede parecer un plato totalmente diferente; incluso un austero arroz blanco no será lo mismo si se presenta de cualquier manera, o bien dándole forma con un molde.

El hecho de comer es una experiencia que involucra todos los sentidos, no solamente el gusto o el olfato. Según un estudio de un grupo de científicos de la universidad de Oxford, cuando comemos, la mitad de la información que procesa el cerebro sensorialmente proviene de la vista, mientras que la otra mitad proviene del resto de los sentidos. Por lo tanto, según estos científicos, ¡lo que vemos influye mucho más que aquello que podamos saborear u oler!

Así que te explico algunos consejos prácticos para presentar tus platos en el día a día de forma sencilla y atractiva:

- **Escoge una vajilla de colores neutros.** De esta manera darás protagonismo a la comida y lucirá mejor.
- **Armoniza bien los colores de los ingredientes de tus platillos.** También puedes jugar con las texturas. Si, por ejemplo, haces una crema de calabaza, puedes añadirle unas pipas crudas de

calabaza, con un chorrito de aceite de oliva en el centro de la crema, como decoración.

- **Evita poner grandes cantidades de comida en el plato.** Llenar mucho los platos puede ser contraproducente, ya que provoca sensación de saciedad en tu comensal. Además, cuidar el volumen hace que puedas distribuir los alimentos de forma natural.

- **Usa tu creatividad para decorar tus platos de forma sencilla.** Puedes usar moldes para las guarniciones y decorar con reducciones o alguna salsa de forma minimalista, siempre tratando de que no se altere el sabor de tu plato. En el caso de servir un postre, puedes decorar con frutas e, incluso, flores.

- **En el caso de servir un plato de carne,** esta se dispone a las 6, mientras que la guarnición lo hace a las 2 y a las 10 respectivamente.

- **En los platos fríos** se sirve el elemento principal en el centro y el resto de elementos alrededor del plato.

- **Usa la regla del menos, es más.** La simplicidad siempre tiene elegancia. Juega con un punto focal.

- **Si el plato lleva salsa,** añádela siempre al final con una cuchara y recuerda repasar con una servilleta los bordes del plato de posibles salpicaduras, antes de llevarlo a la mesa.

La alegría de cocinar y comer todos juntos

En los templos de cualquier orden se hace lo posible para que todos los monjes colaboren en las tareas y se sienten a comer todos juntos. En los monasterios zen, incluso, el ritual se inicia antes de las comidas. Se queman inciensos, se hacen sonar los tambores, las campanas y los *gongs*. ¡Y es que nada mejor que celebrar que la comida es un verdadero regalo y el comer todos juntos un gran acto de amor!

Comer todos juntos es una verdadera fuente de aprendizaje. Les da la oportunidad de acompasarse a sus compañeros, ya que uno puede observar atentamente al otro y acompasarse en la velocidad al masticar. Comer es un verdadero baile. Hay que adaptarse al otro. El que come más rápido se adapta al que come más lento, y algo tan simple se convierte en una ocasión para limitar el ego y *escuchar* con el alma al prójimo.

Quizás es una utopía pensar que podemos comer todos juntos en nuestras rutinas diarias... ¡Ya nos gustaría!, ¿verdad? La realidad es que nuestro ritmo desenfrenado y, a veces, las distancias de nuestros trabajos hacen que cada uno de nosotros desayunemos, almorcemos o cenemos fuera de casa y/o en diferentes horarios.

Sin embargo, en nuestro ADN llevamos grabado que en la base de la alimentación está hacerlo juntos, puesto que comer significa mucho más que el acto puro de nutrirse. Es también acompañarse, ser compañeros. Una palabra que etimológicamente proviene del latín *cum pa-*

nis y que significa *con quién compartir el pan.* Precioso, ¿no te parece?

Compartir una comida con los demás siempre ha sido un ritual, una manera de crear vínculos sociales y una analogía de la celebración. Es una pena que perdamos esa maravillosa costumbre, ya que, de lo contrario, los *stands* de los supermercados se llenan cada vez más de platos precocinados que poco nos benefician y que propician que lo hagamos en soledad.

Así que te animo a hacer un hueco para comer todos juntos, ya sea con tus convivientes o esporádicamente con tus familiares o amigos. Para que crees tus propios rituales y sientas ese gozo alrededor de la mesa. No hay nada más bello que compartir, todo lo que podamos, la vida con nuestros seres queridos ¡Vamos a brindar con esos alimentos que tenemos la fortuna de disponer!

- -

Un rito para hacer de tus comidas algo sagrado

Te propongo un pequeño ritual para que lo incorpores en cada una de tus comidas. Se trata de que cultivemos nuestra presencia en algo tan cotidiano como es el hecho de comer. Este ritual lo puedes realizar en casa o también en el trabajo.

- Pon la mesa considerando que eres tu mejor invitado, aunque vayas a comer tú solo. Puedes añadir flores o velas que te ayuden a serenar el ambiente. Si estás en el trabajo, dispón del lugar donde vayas a comer de forma diferente y especial, creando tu propio ritual ¡Te lo mereces!

- Antes de comer, toma tres respiraciones. Observa la comida durante un par de minutos. Trata de hacerlo poniendo atención a todo lo que observas.

- Agradece de corazón la oportunidad que te da la vida de disponer de una comida más. Trata de no dar nada por sentado. El hecho de tener alimentos te hace una persona afortunada. Medita acerca de ese milagro.

- Agradece también el final de un maravilloso proceso. Medita acerca de todas las personas que están implicadas en el proceso y acerca de los elementos (agua, sol, tierra) que han hecho posible que dispongas de ese alimento.

La cocina, tu santuario

Cuando celebro comidas o cenas en mi casa es muy común que los invitados acabemos charlando distendidamente en la cocina. Tanto es así, que cuando hicimos reformas en mi casa, decidimos, como filosofía, abrirla hacia el comedor, porque, al fin y al cabo, es uno de los lugares más preciados de la casa. Nada más y nada menos ¡donde preparamos los alimentos que nutren nuestro ser!

¿Sabías que el antecesor de nuestras cocinas es el descubrimiento del fuego? Hay indicios arqueológicos de que, en la prehistoria, hace alrededor de un millón de años, el homínino *homo habilis* ya usaba el fuego. Aunque su dominio absoluto no llegaría hasta miles de años más tarde con el Neanderthal, el fuego jugó un papel fundamental en el desarrollo humano. Alrededor de este maravilloso elemento, empezaron a suceder muchas cosas: se alargaron las horas útiles del día, se obtuvo calor y, sobre todo, empezó a surgir la vida social. Es curioso, porque gracias al fuego «se empezaron a cocinar» los chismes, algo que fue fundamental para el desarrollo del lenguaje humano.

Además, déjame explicarte que, gracias a cocinar los alimentos, se modificó nuestra digestión. Ni más ni menos, provocó que se modificara nuestro ADN, ya que, como consecuencia de guisar las verduras y la carne, se acortó nuestro tracto intestinal. Eso provocó que nuestro organismo ahorrara tanta energía en la digestión que la pudo destinar al desarrollo del cerebro… y es a partir de ahí que aumentaron nuestras capacidades sociales e intelectuales.

Está claro que tenemos que agradecerle al fuego por ser lo que somos. Dominarlo hizo que aumentaran nuestras habilidades, capacidades sociales e intelectuales.

Sin embargo, no hace falta que vayamos tan lejos. Hace 40 años, cuando yo era una niña, iba a casa de mi tía abuela, en un pueblo maravilloso del Pirineo aragonés, y siempre encontraba a mis tíos sentados al acecho de la lumbre. Prácticamente hacían la vida allí cuando regresaban de sus quehaceres. Cocinaban, charlaban, se mantenían calientes o, incluso, estoy segura de que, a su manera, meditaban.

En el **feng-shui**, la cocina es una de las estancias más importantes de una casa. De hecho, se cree que es donde se genera la prosperidad y la abundancia de la familia. Resulta curioso que en chino mandarín la palabra «alimento» sea muy parecida al término «riqueza». Un lugar en el que se genera la abundancia.

En esta disciplina, la cocina es también uno de los lugares con mayor carácter simbólico. Allí confluyen dos de los elementos más importantes y antagónicos: el agua y el fuego.

- **Elementos en armonía**

    El fuego (los fogones o vitrocerámica en nuestros tiempos) representan el dinero, el éxito y la vida social. Por ello, según el feng-shui, se recomienda no cocinar de espaldas a la puerta de entrada, para poder controlar lo que sucede a nuestras espaldas y hacerlo con tranquilidad. Cuando esto no es posible, siempre se pueden colocar superficies reflectantes encima de los fuegos. Se dice que, además, este reflejo provoca que la abundancia se multiplique y, por ese motivo, se recomienda cocinar con mucha asiduidad.

    Por el contrario, el agua representa el amor, ya sea hacia uno mismo (autoestima), o el amor hacia nuestros seres queridos. Así que es importante mantener siempre este espacio limpio como un reflejo simbólico a cómo nos sentimos los que habitamos ese espacio.

Nos aconsejan armonizar bien esos contrarios: el fuego y el agua. Para ello, deben estar distantes el uno con el otro y evitar, de esta manera, su destrucción entre sí. Es bien sabido que el agua apaga el fuego, pero no te preocupes si lo tienes así dispuesto, tan solo tienes que colocar un elemento de madera o metal entre sí. Puede ser una madera de cortar, un recipiente con utensilios de estos materiales, o macetas con plantas aromáticas, que, además, te harán las veces de decoración.

- **Ubicación de la cocina**

  Para que la energía fluya y trabaje a tu favor, la cocina debería estar ubicada en la zona sur de la casa. De esta manera, hacemos confluir la energía del fuego.

  Si la tienes en otra disposición, puedes añadir elementos fuego o madera, con la finalidad de contrarrestar el agua. Puedes hacerlo colocando elementos en colores rojo, naranja, verde o incluso poniendo plantas.

- **Siempre en orden**

  La cocina siempre debe estar limpia, ventilada y en orden, algo fundamental para sacar al máximo la energía positiva que se genera en esta zona.

La encimera es uno de los puntos clave en la cocina, así que lo ideal es que siempre la mantengas despejada. Es importante que ordenes los utensilios en tus armarios, por frecuencia de uso. Ten a mano todo lo que necesites para que puedas trabajar más a gusto.

La realidad es que cuando haces de un espacio un lugar acogedor, cambia la forma en la que te sientes en él. Así que te animo a hacer de la cocina el mayor templo de tu hogar y descubrir que ese equilibrio también llena tu interior.

V

VIDA MONÁSTICA, VIDA SIMPLE

La belleza de vivir con sencillez

«Me paseaba por el bosque completamente solo, y no
pensaba buscar nada. Vi en la sombra una florecilla
brillante como las estrellas, como unos henos ojos.

Sentí deseo de cortarla, pero me dije suavemente:
¿deseas que se marchite y muera?

La tomé con raíces y todo y la llevé al jardín de una
bella casa, y la planté de nuevo en un lugar tranquilo
donde ahora ha crecido y florece».

— Goethe

ZEN cillez, tu arte de vivir

Los monjes zen son grandes maestros en el arte de valorar las pequeñas cosas. Los espacios donde viven lucen simples, limpios, ordenados y solo poseen los imprescindible. Pero no solo sus templos reflejan esa simplicidad, sino que también su estilo de vida. Su día a día está tan mágicamente vacío de objetos y de pensamientos, que albergan mucho más espacio para llenarse de calma, equilibrio y alegría.

Para vivir con **ZENcillez**, no hace falta que te retires del mundo, ni que practiques la ascesis, ni tan siquiera que adquieras grandes aprendizajes. Basta con cultivar pequeños hábitos para lograr estar más presente en cada una de tus acciones. Recuerda que el hábito hace al monje, así que es posible que solo necesites una pequeña dosis de consciencia y un ligero cambio en tu punto de vista para darte cuenta de que, en realidad, vivir con menos es vivir con más, tanto en el plano físico como en el emocional.

KANSO, la nobleza de la simplicidad
簡素

Kanso, que en japonés se traduce como simplicidad, es un concepto que forma parte de la estética japonesa y busca expresar las cosas de manera sencilla y natural. La cultura de Japón siempre ha estado en armonía con la belleza y la austeridad de la naturaleza, sintiéndose un elemento más del entorno.

Sin embargo, ¿no te parece que en Occidente estamos cada vez más desarraigados de nuestra sencilla esencia? En algún momento, aprendimos a mirar hacia afuera y, quizás, creímos que lo material podía colmar lo que nos faltaba dentro.

Parece que cada vez necesitamos más espacio. Casas de mayor tamaño, o trasteros donde almacenar infinidad de objetos. En mi caso, en los últimos años me he mudado de casa por lo menos media docena de veces. He movido cajas y cajas de un lugar a otro, sin ni siquiera ¡saber lo que había dentro!

Con frecuencia sentimos la necesidad de renovar nuestros aparatos tecnológicos, porque enseguida quedan obsoletos. Nos avasallan con aplicaciones que, evidentemente, nos hacen la vida más fácil, pero que, a su vez, nos arrastran a una vida que sucede más en la nube que en la tierra.

Todo nos brinda tantas comodidades que nos llenamos de necesidades y, sin que nos demos cuenta, también nos llenamos de estrés, ansiedad y de una sensación de no llegar a todo. Una necesidad nos va llevando a la otra y, al final, entramos en la rueda de tener que trabajar más horas para poder gastar más y, como consecuencia, cada vez tenemos menos tiempo para disfrutar de lo que verdaderamente importa.

El concepto *Kanso* viene a traernos lo contrario. Esa sencillez, simplicidad y vacío de los elementos sobrantes. Significa **poner el foco en evitar complicarnos la vida más de lo necesario**. Encontrar ese equilibrio (cada persona el suyo) para fijarnos en lo esencial y disfrutar de la vida. ¿No te parece maravilloso?

Aunque a lo largo de todo el capítulo hablaremos de cómo llevar una vida más simple, aquí te dejo unas pinceladas de cómo aplicar el *Kanso* en tu rutina diaria:

- Cuestiónate **de qué manera puedes llevar a cabo tu día a día de una forma más sencilla y simple**, sobre todo en aquellas tareas que tanto te pesan.
- **Trata de reducir tus compras a lo indispensable.** Puedes aplicar la regla de las dos semanas, cuando sientas el impulso de comprar algo. Si tras dos semanas sigues creyendo que lo necesitas, entonces vuelve a planteártelo.
- **Ve más ligero en tus vacaciones, al trabajo o al gimnasio.** Trata de hacerte el día a día mucho más fácil. Los grandes equipajes requieren cargarlos, hacerlos y deshacerlos (¡y lavar!). Así que te animo a que planifiques al dedillo, para evitar cargarte más de lo necesario.
- **Intenta no generarte deudas.** Aceptar una invitación, aunque parezca algo nimio, en realidad te está creando una deuda. En un momento u otro, tendrás que devolverla. Lo mismo ocurre con los regalos. Así que te animo a que te sientas libre para escoger cómo te quieres relacionar con los demás teniendo en cuenta esta premisa.

El secreto de una felicidad más analógica

Los dispositivos móviles se han convertido en una extensión de nuestras vidas, o casi diría que de nuestros cuerpos. Muchas personas hemos encontrado en ellos herramientas maravillosas que nos facilitan, en gran medida, la vida y el trabajo. A veces recurrimos a ellas en situaciones de estrés o aburrimiento, ya que, si algo también tienen, es que ¡son un gran entretenimiento!

No sé si a ti te pasa, pero yo soy la primera que cuando no sé qué hacer, casi de forma automática, entro en las redes, salto de una cosa a la otra, veo noticias y *scrolleando* se me pueden pasar las horas. La autora de *Salud digital*, psicóloga y experta en adicciones relacionadas con la tecnología, Gabriela Paoli, así lo afirma: «La red se ha convertido en un analgésico digital, nos distraemos y desestresamos a golpe de clic». Por eso, me gustaría compartir contigo lo que he aprendido en los últimos tiempos.

No cabe duda de que la tecnología nos ha hecho la vida más ligera. ¡Y mucho! Hemos acortado las distancias con nuestros seres queridos, disponemos de un altavoz en la promoción de nuestras marcas, podemos trabajar remotamente e, incluso, comprar desde el sillón de casa. Todo con total inmediatez.

No obstante, todo en la vida tiene su cara B, ¿verdad? Dependerá de si conseguimos dominar nosotros la tecnología, o, por el contrario, caemos en sus fauces. Mariam Rojas, autora y psiquiatra, nos advierte sobre el peligro de las redes sociales. Sostiene que cuando subimos una foto y la gente nos comenta o nos pone *likes* (me gusta), sentimos pequeños subidones de placer, porque en realidad nuestro cuerpo está liberando dopamina. La misma hormona de la felicidad que se libera con cualquier adicción: las drogas, los videojuegos o el alcohol. Es decir, que, en cierta manera, nos hemos vuelto adictos de las emociones y de la inmediatez.

Sin embargo, creo que estarás de acuerdo conmigo en que lo más significativo de esta vida nada tiene que ver con la inmediatez. Al contrario. Lo que nos llevaremos, tras nuestra existencia, son todos aquellos momentos vividos intensamente y las toneladas de amor que hayamos propiciado o recogido.

Cuando tenemos experiencias que nos hacen ser conscientes de la muerte, ya sea por enfermedad, la pérdida de un ser querido, etc., lo que, en realidad, se nos graba en el ser son todos aquellos momentos llenos de significado. Por eso, si te pasa como a mí, que a veces pierdes el control y vives de forma más virtual que presencial, te invito a aterrizar de nuevo y recuperar esos instantes de tu vida. Quizás, si tenemos esa consciencia de nosotros mismos, tendremos la libertad de decidir en qué nos gustaría invertir esos momentos de nuestro tiempo.

¿Qué te parece si volvemos a cultivar esa felicidad mucho más analógica, fuera de las pantallas? Se me ocurre la similitud entre escuchar un disco enlatado o estar presente en un concierto de tu artista o grupo favorito...

Nunca será lo mismo, ¿no crees? La energía y la magia de un directo, frente a oír ese disco grabado en un estudio, desde luego no tiene parangón. Así que te animo a volver a la vida en tiempo real, a sentir y a vibrar con la risa, con la piel de tus seres queridos, con los abrazos… Para ello, necesitaremos invitar a un cuarteto musical de lujo para que amenice nuestros cuerpos y prefiramos no alzar el vuelo.

1. **A la guitarra y voz: ¡las endorfinas!** Para que se libere esta hormona de la felicidad en nuestro cuerpo, necesitamos por lo menos treinta minutos al día de diversión. Puedes escoger entre realizar un paseo, meditar, bailar o reír con tus amigos o seres queridos.

2. **Al bajo: ¡la serotonina!** Una vez leí una frase que decía: cuando estás en posición de ayudar a alguien, hazlo. Alégrate porque ese es el universo respondiendo a las plegarias de alguien a través de ti y además hacer el bien aumenta la serotonina en tu organismo. También lo hace el sentir gratitud. Así que te animo a sentirte mejor de estas formas tan naturales.

3. **A la batería: ¡la dopamina!** Puedes aumentar la hormona del placer realizando ese *hobbie* que tanto te gusta, dormir a pierna suelta o bebiendo una rica taza de té o chocolate caliente.

4. **Al saxo: ¡la oxitocina!** También llamada la hormona del amor o del abrazo. Las mamás sa-

ben mejor que nadie cómo se sienten cuando tienen a sus hijos entre sus brazos, o mientras amamantan. Esta hormona es vital para los vínculos emocionales y se dice que para aumentarla hay que abrazar más de ocho segundos.

Aquí y ahora: Tu monasterio libre de móvil

Decía John Lennon que «la vida es eso que ocurre mientras estamos haciendo otros planes». Yo creo que, si Lennon levantara la cabeza, hoy en día añadiría: «y mientras miramos nuestro móvil».

Mientras no estamos presentes, la vida se nos va escapando. Experiencia a experiencia, como la arena que corre en un reloj. Sin saberlo, perdemos momentos que nunca más volverán y sería una pena no aprovechar esta maravillosa oportunidad que tenemos de vivir.

Muchos hijos, desafortunadamente, ya se han desconectado de sus padres (y viceversa) por ese exceso de conexión; o muchas personas dejamos de tener conversaciones con quienes ya no son capaces de atendernos con interés, porque mientras les hablamos, ellas lo hacen con sus ojos clavados en su dispositivo móvil. ¿Cómo podemos salir de esto?

Para empezar, se me ocurre un sencillo ejercicio para reeducar nuestra manera de estar presentes de forma analógica. Te invito a que pongas en práctica lo siguiente:

ALT

EJERCICIO. Actitudes Libres de Teléfono

Se trata de que crees actitudes en tu vida en las que no se incluya el teléfono. Puedes invitar al resto de tu familia para que incluyan las suyas. Para eso, vamos a designar **ZONAS**, **HÁBITOS** y **TIEMPO** sin teléfono.

- **Zona Libre de Teléfono**: Puedes proponerte designar estancias de tu casa (o trabajo) en las que no te permitas el teléfono móvil.

    Por ejemplo: puedes designar **tu habitación como Zona Libre de Teléfono.** De esta manera, a la vez que favoreces un sueño reparador, gracias a tener el teléfono fuera de la habitación, a su vez rescatas para ti esos momentos de irte a la cama y al despertar y los puedes dedicar a leer, meditar y/o dar las gracias.

    Otra Zona Libre de Teléfono podría ser el área del comedor, así, mientras comes, te aseguras de cultivar tu presencia, estando pendiente de todos tus sentidos al comer, o bien de compartir una buena conversación en la mesa. ¿Cuáles serían tus Zonas Libres de Teléfono?

- **Hábitos Libres de Teléfono**: Piensa detenidamente en qué hábitos estaría bien que estuvieran libres de teléfono. Por ejemplo, se me ocurre uno, que en lo personal me molesta muchísimo. Si estás hablando con alguien, por educación, hay que escuchar y no mirar a la pantalla del teléfono mientras nos hablan. Hay quienes incluso chatean o hacen *scroll* mientras hablan contigo. Por lo tanto, establezcamos hábitos en los que el teléfono se quede a un lado. En este caso, por respeto a las personas de nuestro entorno. Si tenemos asuntos pendientes que resolver, es preferible postergar la conversación a cuando tengamos disposición de escuchar con atención.

Lo mismo ocurre con nuestros hijos. *¿Cómo crees que se sienten cuando decidimos jugar con ellos y estamos mirando constantemente la pantalla? ¿O cuando lo hacemos mientras nos hablan?*

Los hábitos sin teléfono pueden ser esos: mientras tenemos una conversación, mientras comemos, mientras nos cepillamos los dientes, mientras conducimos, mientras realizamos ese *hobbie* que tanto nos gusta, mientras hacemos determinadas tareas, etc. ¿Cuáles serán los tuyos?

- **Horas Libres de Teléfono.** También puedes marcarte determinadas horas sin mirar el teléfono y que, de esa manera, te permitas estar presente, hagas lo que hagas, durante ese tiempo. Por ejemplo, si tienes dos horas para comer, puedes designar ese tiempo sin teléfono. O bien, desde que recoges a tus hijos hasta determinada hora y así puedes estar plenamente por ellos. ¿Qué horas podrían ser convenientes para ti, sin teléfono?

Sé frugal como un monje

Decía Buda que «no es más rico quien más tiene, sino quien menos necesita».

Cuando nacemos, somos seres ingenuos, puros y felices. Nuestras necesidades básicas están colmadas y no sabemos qué podemos necesitar más. A medida que vamos creciendo, parece que nos vamos desconectando de ese bienestar e intentamos buscarlo en las cosas materiales.

Si queremos que nuestro paso por este mundo sea significativo, más satisfactorio y solidario, tenemos que hacer un alto en el camino. Estaría bien detenerse y volver a conectar con lo esencial. Con aquello que al principio o al final de nuestras vidas tanto anhelamos y habremos anhelado:

- compartir lo máximo con nuestros seres queridos
- vivir el mayor tiempo posible con alegría
- ver salir o ponerse el sol
- gozar de buena salud
- tener un medioambiente saludable
- contribuir a hacer un poquito mejor la vida del prójimo, etc.

Para simplificar nuestra vida podemos empezar por darnos cuenta de que lo que ya tenemos es suficiente. Aprender a darle el valor que merece. Quizás tendremos que alejarnos, por lo menos un poquito, de este sistema que valora el crecimiento en términos económicos y no desde el punto de vista humano. Quizás necesitemos cultivar una vida mucho más frugal, más humilde, no solo como algo que nos debemos a nosotros mismos, sino también a nuestro planeta.

En búsqueda de la armonía perdida

El psicólogo y filósofo estadounidense Abraham Maslow decía que las personas solo pensamos en autorrealizarnos, una vez que hemos satisfecho nuestras necesidades básicas. Eso vendría a decir que, para que yo pueda trazar un plan para encontrar mi sentido de la vida, mi felicidad o mi armonía, primero debo disponer de agua, comida, cobijo, sentirme segura, aceptada socialmente y con una buena base de autoestima. Solo después de tener cubierto todo eso podré pensar en desarrollarme como persona.

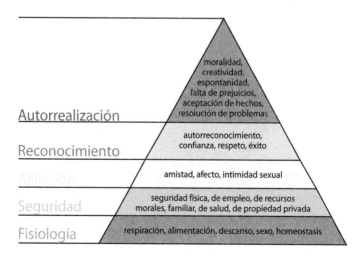

Cada día doy las gracias por lo afortunados que somos los que estamos en los últimos escalones de esta pirámide. Tenemos la oportunidad de escoger cómo queremos vivir, porque nos ha tocado nacer en la cara amable del planeta. Yo puedo elegir vivir con menos, con la tranquilidad de tener un hogar donde dormir segura, comida siempre disponible y agua caliente para toda mi familia. Sin embargo, está bien tener siempre presentes a los millones de personas sin esa libertad para escoger.

La frugalidad o *Setsuyaku*, en el budismo japonés, puede ser un nuevo camino. Nos invita a vivir de forma más sencilla con esa consciencia colectiva. Como si dibujáramos una línea entre lo necesario y lo superfluo.

Nosotros, que disponemos de un abanico lleno de posibilidades, tenemos la oportunidad de conectar con la gratitud y sustituir el consumismo desenfrenado por una búsqueda de valores más elevados que nos llenen el espíritu.

Ser conscientes nos hace libres

¿Qué haríamos si no tuviéramos consciencia? Víctor Frankl decía que la consciencia posibilita el espacio necesario para elegir cómo actuar, ya que, de esa manera, tenemos la posibilidad de ser realmente libres y comportarnos, con nosotros mismos y los demás, como realmente deseamos hacerlo.

La capacidad de darnos cuenta es un tipo de energía que generamos cuando nuestra mente regresa a nuestro cuerpo. Es una forma de estar atentos a lo que sucede en nosotros y a nuestro alrededor. Así, podremos tomar decisiones de forma libre, honesta y habitando todo aquello que decidimos.

Para ejercitar nuestra consciencia, te invito a poner atención a tu respiración. Siempre es un buen momento para estar atentos, hagamos lo que hagamos: de pie, caminando, acostados, mientras hablamos, escuchamos, trabajamos, jugamos, conducimos, nos cepillamos los dientes o cocinamos. A continuación, te dejo un ejercicio para que puedas ponerla en práctica.

EJERCITA LA CONSCIENCIA

Te invito a que te des cuenta del aquí y ahora. Para ello, puedes practicar la atención como te explico en la página 45. A través de la relajación podrás alcanzar una mayor sintonía contigo mismo.

Se trata de que puedas centrarte al máximo en el presente, con respecto a lo que sucede fuera de ti y dentro de tu mundo interno. De esta manera, se abrirá la posibilidad de sentir mayor gratitud, amabilidad y compasión. Podrás dejar de lado los prejuicios y la culpabilidad.

La ecología de la Felicidad

Recuerdo la película *Don't Look Up* (No mires arriba), una comedia negra dirigida por Adam McKay y protagonizada por Leonardo Di Caprio, Jennifer Lawrence y Meryl Streep. Di Caprio da vida a Randall Mindy, un astrónomo cuya doctoranda Kate Dibiasky (Jennifer Lawrence) descubre que un enorme cometa se acerca peligrosamente a la Tierra y que en seis meses podría destruirla. Streep encarna a Janie Orlean, que representa ser la presidenta de los Estados Unidos, y hace lo posible por ignorar y minimizar las recomendaciones de Mindy. En realidad, la película es una sátira sobre la inminencia del apocalipsis, de ahí su título, «no mires arriba», pero con un mensaje implícito, más que actual, sobre el posible fin de los tiempos por nuestro descuido hacia el planeta. Un análisis de qué somos como sociedad y cómo nos enfrentamos a ello.

Eso me hizo pensar que, hace mucho tiempo, sabemos que nuestro abuso constante de los recursos contamina la atmósfera y provoca su calentamiento; que quemamos combustibles fósiles sin medida y estamos acabando con los recursos de agua dulce; que estamos generando grandes toneladas de basura, sin capacidad para gestionar tanto residuo; que nuestros mares y océanos se han convertido en grandes vertederos de plástico; que nuestra sobreproducción de alimentos está causando grandes daños en el medioambiente; que nuestros bosques y su biodiversidad se encuentran gravemente amenazados; que compramos y consumimos productos sin cuestionarnos si se vulneran los derechos humanos; que los beneficios del desarrollo no se comparten equitativamente y la brecha entre ricos y pobres es cada vez más ancha; que la primera causa de muerte en el mundo es la desnutrición y etcétera.

Espeluznante, ¿verdad? Aunque yo creo que tú y yo podemos hacer algo, porque se ha demostrado que vivir con menos tiene un impacto directo en el planeta. Unos estudios realizados en 2015 concluyeron que más del 60 % de las emisiones de gases de efecto invernadero, a nivel mundial, se deben al consumo doméstico. Principalmente a causa del transporte y la industria alimentaria, pero también debido a otros productos que compramos y que generan emisiones de carbono en la producción.

El Dalai Lama, en una de sus conferencias, dijo: «ya sea que podamos lograr la armonía mundial o no, no tenemos mejor alternativa que trabajar en esa meta». Dicen que para llevar a cabo un cambio en nuestras vidas es importante encontrar un sentido, una intención. Creo que esta es una razón, más que suficiente, para que nos propongamos estar en el mundo de una forma mucho más equilibrada, ¿no crees?

La felicidad es mucho más orgánica de lo que creemos. No tiene que ver con la acumulación de cosas; al contrario, las personas que buscan ahí su bienestar solo encuentran razones para sentirse carentes por lo que todavía no tienen.

Tú y yo sabemos que lo que de verdad nos genera mayor satisfacción implica poco (o ningún) consumo material.

- las buenas relaciones
- el contacto con el mundo natural
- ser creativo
- tener un sentido de pertenencia o de comunidad
- encontrar el propósito personal
- una vida llena significado
- estar involucrado activamente en la vida

En definitiva, llevar una vida más sencilla, más ligera y mucho más consciente.

Once gestos para practicar tu sostenibilidad

Muchas veces reducir nuestro impacto supone grandes esfuerzos, pero las acciones que te propongo a continuación son muy fáciles de llevar a cabo en tu vida diaria.

1. **Reduce el gasto en electricidad.** Puedes cambiar a una empresa o cooperativa de energía verde. También puedes colocar un contador inteligente para reducir tu gasto de energía y así reducir, también, las emisiones de carbono.
2. **Di adiós a los envases.** Producimos alrededor de 300 millones de toneladas de plástico al año, lo que equivale al peso aproximado de toda la población humana. Tan

solo reciclamos el 9% y el resto acaba en los vertederos, los ríos o el mar. Imagínate que cada día te tomas dos cafés en vasos de plástico y una botella de agua, eso supondría más de un millar de residuos de plástico al año, que puedes ahorrar llevando tu propio vaso o botella reutilizable, así como todos los utensilios que necesites en tu día a día.

3. **Limpia en verde.** Cambia los productos de limpieza habituales, envasados en plástico y llenos de sustancias químicas potencialmente perjudiciales para la salud de los humanos y del planeta, por otros más sostenibles. Si te acercas a cualquier tienda responsable con el medioambiente te asesorarán con un kit de iniciación (botes de cristal, estropajos de fibras naturales, dosificadores especiales para la colada, etc.). Puedes cambiar productos como la lejía por bicarbonato de sodio o vinagre para limpiar retretes y desagües, o bien adquirir productos especiales en una empresa responsable con el medioambiente.

4. **Belleza sostenible.** Busca marcas que trabajen de forma proactiva en envases sostenibles; opta por pastillas de champú y gel en lugar de botellas, cuchillas de afeitar reutilizables y desodorantes naturales rellenables.

5. **Mueve tu cuerpo.** Utiliza tu cuerpo siempre que puedas en vez de un vehículo contaminante. Puedes aprovechar para que desplazarte, en bicicleta, corriendo o andando, te sirva también para practicar ejercicio, a la vez que cuidas del planeta.

6. **Acorta las duchas.** Menos del 1% del agua del planeta es dulce y accesible, y es uno de los recursos más escasos

de la tierra. Así que trata de reducir al máximo el tiempo que pasas en la ducha. Para que te hagas una idea, una ducha de 5 minutos gasta unos 45 litros de agua, más el combustible empleado para calentarla.

7. **Reduce los residuos electrónicos.** La cultura del usar y tirar ha convertido estos residuos en los desechos que más crecen en el planeta. Puedes donarlos a organizaciones benéficas, o bien infórmate sobre los puntos de recogida.

8. **Reduce el desperdicio de alimentos.** Puedes planificar los menús semanales para no desperdiciar alimentos, además de que ganarás tiempo con esa planificación.

9. **Pásate a la moda verde.** Según las tendencias actuales, para 2050 la industria de la moda utilizará un cuarto del presupuesto de carbono mundial. Evita la «moda rápida» y opta por prendas producidas de forma ética y de calidad, fabricadas con materiales de bajo impacto.

10. **Teletrabaja siempre que puedas.** Después de la pandemia se ha demostrado que teletrabajar ha incidido notablemente en el medioambiente. Por un lado, se reducen las emisiones de dióxido de carbono, responsables de generar gases de efecto invernadero y otras emisiones tóxicas para la salud. También se ha visto reducido el gasto de papel y la energía consecuente en su fabricación, así como numerosos residuos de plástico.

11. **No malgastes.** Nuestro futuro depende de que entendamos de una vez que tenemos que ponerle freno al consumo irresponsable. Debemos recordar las tres erres (3R): Reducir, Reutilizar, Reciclar. En la actualidad, produ-

cimos y compramos 70 veces más que en la década de
1950, y el peor dato es que el 99% de esas adquisiciones
se convierten en residuos los 12 primeros meses.

Reciclar también es espiritual

Setsuyaku significa frugalidad en el budismo zen y se refiere al hecho de deshacerse de lo que ya no es útil desde la perspectiva de darle un uso pleno.

En «Versos de la Doctrina» (versión china del siglo VII de la Dhammapada), se encuentra una parábola de un diálogo de preguntas y respuestas entre el rey y Ānanda. Este diálogo tuvo lugar después de la petición de Ānanda para obtener quinientas túnicas, que el rey le otorgó, diciendo:

—Gran sabio, ¿qué harás con las quinientas túnicas que estás recibiendo en esta ocasión? —preguntó el rey.

—Gran rey, como hay tantos *bhikus* (monjes) que usan túnicas rotas, las distribuiré entre ellos —respondió Ananda.

—Entonces, ¿qué harás con las túnicas rotas? —volvió a cuestionar el monarca.

—Confeccionaré sábanas con las túnicas rotas —resolvió Ānanda.

—Y ¿qué harás con las sábanas viejas? —dijo el gran rey.

—Fabricaré fundas para cubrir almohadas —dispuso Ānanda.

—¿Qué harás con las fundas viejas? —replicó el rey.

—Se usarán como tapetes para los pies —repuso Ānanda.

—¿Qué harás con los tapetes viejos? —preguntó el rey.

—Se usarán como toallas para los pies —contestó Ānanda.

—¿Qué harás con las toallas viejas para los pies? —preguntó el rey.

—Se usarán como trapos para desempolvar —concluyó Ānanda.

Que el equipaje no lastre tus alas

Durante una etapa de mi vida viví en México. Mi amigo Paco, autor de un sinfín de guías turísticas, me llamó para que me uniera a un trabajo de campo y fotográfico en Costa Rica y Panamá. Ni corta ni perezosa compré el pasaje, empaqueté mis cosas y me presenté en el aeropuerto de San José. Recuerdo su cara al ver mi maleta. Podría haberme quedado a vivir diez años con todo lo que llevaba ahí dentro. Mi ansiedad porque no me faltara de nada nos dificultó de mala manera nuestro viaje. Poco caso hice al verso de la canción *Noches de boda*, del maestro Joaquín Sabina (y que también interpreta mi admirada Chavela Vargas), que dice algo así como: *que el equipaje no lastre tus alas.*

Pensando en esto, muchas veces me planteo el estilo de vida de las sociedades nómadas, como por ejemplo la mongola. Está claro que para ellos lo material es un verdadero lastre. Nosotros, sin embargo, necesitamos vivir con un cúmulo de cosas que en algún momento creímos que debíamos tener. Lo malo es que ni siquiera les damos uso, y a veces, ni sabemos que las tenemos.

Hay momentos en los que creemos que los objetos poseen una especie de alma y que, al no tenerlos, o deshacernos de ellos, perdemos también una parte de nosotros mismos.

¿Por qué nos cuesta tanto deshacernos de cosas?

Creo que básicamente por dos razones:

- Por un lado, tememos olvidar el pasado. A veces nos aferramos a los objetos en un intento por aferrarnos al pasado. Ten presente que tus recuerdos y vivencias están dentro de ti y no en las cosas.
- Y, por otro, tenemos miedo y nos provoca ansiedad el futuro. En ocasiones guardamos cosas «por si acaso», como si en ese guardar buscáramos seguridad en medio de la incertidumbre.

Cuando sientas que quieres deshacerte de algo y no puedas, trata de tomar ese objeto entre tus manos e imaginar cómo sería tu vida sin él. ¿Crees que tu vida sería peor sin ese objeto? Si tu respuesta es sí, siempre tienes la opción de conservarlo. Sin embargo, si crees que no vale la pena guardarlo por más tiempo, puedes hacer un pequeño ritual de agradecimiento.

Por lo general, tenemos más trastos de lo que pensamos. Por esa razón se nos va gran parte de nuestro tiempo tratando de mantener ese orden en higiénicas condiciones. No hay nada de malo en no querer cambiar eso, ¡faltaría más! Sin embargo, hay mucho de bueno en hacerlo y es de lo que me gustaría hacerte consciente. Vamos a analizar las ventajas:

- Si nos deshacemos de todo lo que no necesitamos, dejaremos de malgastar un sinfín de energía (que también se traduce en tiempo y dinero) y liberaremos mucho espacio interior y exterior. No se trata de tirar, sino de compartir, arreglar, donar, vender o bien de reciclar.
- Dejaremos de lado el estrés que supone almacenar tantas cosas. De repente, la vida se vuelve más fácil.
- Tomaremos consciencia de todo aquello que tenemos y de por qué razón lo adquirimos. Eso nos

servirá para darnos cuenta de que las cosas solo nos colman en un determinado momento.

- Nos alejamos del concepto del apego, sintiéndonos más libres y capaces de poder tomar acción sobre nuestras propias decisiones.
- Nos damos cuenta de que las cosas son solo cosas. Están ahí para sernos útiles o hacernos felices. Si no cumplen esa función, ¿para qué las queremos? Es el momento de plantearse si las desechamos, les damos otra vida o las regalamos.
- Nos conecta con el agradecimiento. Está claro que hablar de deshacernos de lo que nos sobra es un problema del primer mundo, de nuestra sociedad de consumo. Por lo tanto, eso es lo primero que debemos agradecer. Tenemos la fortuna de poder apartar lo que ya usamos. ¡Ojalá todo el mundo tuviera las mismas oportunidades! Así que, desde ahora, te invito a sentir esa gratitud.
- Nos conocemos más a nosotros mismos a través de las cosas que almacenamos. Tenemos la oportunidad de observar qué relación mantenemos con las cosas. Quizás sentimos apego, o es posible que busquemos estatus, o tal vez descubrimos que no nos sentimos merecedores de usar algo que tenemos guardado.
- Ganamos autocontrol y proactividad, pues somos capaces de decidir qué queremos hacer con las cosas y no nos sometemos a ellas. Nuestras casas son

un perfecto entrenamiento para enfrentarnos a la vida estando presentes.

Somos el espacio que habitamos. De la misma manera que el cuerpo y la mente están perfectamente conectados, también lo están la mente y el lugar físico que ocupamos. Si quieres simplificar tu *yo* interior, practica liberando espacio de tu hogar (o lugar de trabajo). Un estilo de vida donde predomina la simplicidad posee una enorme belleza. Además, a medida que practicamos el vacío, también lo hacemos con nuestra mente.

Utiliza tu día a día para ser consciente de los apegos que sostienes hacia todo aquello que guardas, hacia todo eso a lo que das tanta importancia. No hay nada más maravilloso que utilizar nuestra cotidianidad para entrenar nuestro bienestar.

Vacía, suelta, deja ir... (y sostén desde la libertad)

El apego es algo que los humanos necesitamos al nacer y que hay que desaprender a medida que vamos creciendo y somos independientes. A veces estar apegados a cosas, situaciones o personas, nos da seguridad, como cuando fuimos ese bebé que necesitaba de su madre para sobrevivir.

Sin embargo, en la madurez, el apego se vuelve negativo cuando la necesidad se transforma en dependencia y nos provoca ansiedad. Cuando sientes que, al deshacerte de algo o de alguien, te sientes indefenso, e incluso te paralizas sin poder tomar las decisiones más beneficiosas para ti.

Desapegarse no significa llegar a casa y tirarlo todo, o quedarte solo para no depender de nadie, sino volverte más libre, amando sin ataduras, dejando de identificarte con tus posesiones, pudiendo escoger lo que te hace vivir de forma más ligera en cada momento. Significa sacar lo que no usamos de los armarios y llenarlos de energía positiva. Así que te animo a abrir los cajones al presente y darte cuenta de que *nada es eterno, nada permanece y que todo se transforma*, como nos cantaría Jorge Drexler.

¿AMAR O QUERER?
EJERCICIO PARA DESAPEGARTE DE LAS PERSONAS

La diferencia entre amar y poseer es que, cuando amas, lo haces desde la libertad, la generosidad y el respeto. Sin embargo, cuando quieres, crees que alguien te pertenece y entonces lo haces desde tu necesidad y no desde la de la otra persona. Observa qué ocurre con las personas con las que sientes ese apego. Te puede ayudar el hecho de detectar si se despiertan en ti, sentimientos como los celos, el miedo o la inseguridad.

EJERCICIO PARA DESAPEGARTE DE LAS COSAS

Analiza aquellos objetos materiales o situaciones a los que estás aferrado y observa cuál es el motivo de malestar ante la idea de desprenderte de ellos.

Haz una lista y puntúa del menos importante al más importante. Observa qué hay detrás de ese apego. Una vez que los hayas observado puedes tomar tres respiraciones y darte las gracias, a ti y a la vida, por permitirte usar esos objetos. Trata de disfrutar de su uso y no del hecho de poseerlos, como el monje del siguiente cuento.

La historia de los muebles del rabino

Cuenta una bella historia que un industrial que quería aprender de la sabiduría de un rabino se presentó en su casa. Al ver su humilde apartamento, le preguntó:

—Maestro, ¿dónde vives?

El rabino lo miró asombrado y le respondió:

—¿Cómo que dónde vivo? ¿No te parece que aquí estoy viviendo?

—No. Lo que quiero decir es ¿dónde están tus muebles?

—¿Mis muebles? ¿Y dónde están los tuyos? —preguntó el rabino.

—No, lo que pasa es que yo, aquí, estoy de paso —le contestó el industrial.

—Yo también —dijo el rabino.

ERES MÁS DE LO QUE TIENES

Recuerdo que cuando realizaba mi formación como instructora de yoga, practicábamos un ejercicio en grupo en el que nos ponían en pareja, unos frente a otros, y había que preguntarse «*¿quién eres?*» Cada vez que respondías, llegaba otro compañero o compañera y te repetía la misma pregunta. Así infinitas veces, hasta que se nos agotaban las respuestas y, entonces, caías en la cuenta de que *uno mismo* es mucho más que cualquier identificación o posesión.

En nuestra sociedad, hemos aprendido que *tanto tienes, tanto vales* y eso nos hace llevar una vida recargada, muy alejada de lo que verdaderamente nos hace felices.

Una vida simple y sencilla reside en darnos cuenta de que sin *tener* también somos y quizás caeremos en la cuenta de que somos mucho más de lo que creíamos. La sencillez es un arte que se nutre de valorar las pequeñas cosas, así que vamos a tratar de poner la mirada en todo aquello que la opulencia en algún momento se nos llevó, en los siguientes cuatro pasos:

1. **Saborea la vida.** Relegar nuestro bienestar a grandes acontecimientos o a lo material, solo nos puede llevar a sentir frustración. Te invito a llenarte de gratitud por los pequeños actos cotidianos, por la materia prima que nos brinda la vida o por los seres queridos que nos rodean. Si te enfocas con agradecimiento en lo que sucede en tu día

a día, podrás verdaderamente saborearla. Utiliza todos tus sentidos y siente ese profundo agradecimiento a las pequeñas grandes cosas, como: tener una buena conversación, jugar con tu hijo, leer un libro o ver una puesta de sol. Si algo bueno nos ha traído el confinamiento, es darnos cuenta de que la vida es todo eso que pasa al otro lado de la prisa.

2. **Cultiva la calma.** Para valorar las pequeñas cosas y saborear la sencillez primero hay que parar. Meditar nos ayuda a encontrarnos con lo que verdaderamente somos. Nos enseña a echar el ancla a través de la respiración y a poner la atención en el presente. Si nuestra mente está en calma podremos percibir la vida desde otra óptica, ya que los cristales a través de los que miraremos estarán mucho más nítidos.

3. **Dale lugar a tu intuición.** Si te enfocas en el presente, podrás oír esa voz interna llamada intuición. De esta manera, entrarás en un estado de flujo con la vida, sin forzar, de un modo mucho más simple. De lo contrario, se nos pasa la vida enredados entre el pasado y las expectativas del futuro, que, en el mayor porcentaje de los casos, tan solo nos provocan miedo e inseguridad.

4. **Vive como si fueras a morir.** La conciencia de la muerte te hace valorar lo que realmente es esencial en la vida. Muchas personas diagnosticadas de graves enfermedades logran encontrar el verdadero sentido a la existencia. Te animo a vivir

de esa manera, porque la vida no necesita de razones para ser disfrutada. La vida es un milagro en sí misma. A veces tenemos que sentir la presencia de la muerte, para sentir con fervor la vida. Esto me recuerda un precepto de Gandhi que dice: «vive como si fueras a morir mañana y aprende como si fueras a vivir para siempre».

VI

PASO LENTO, VIDA LENTA

Disfruta de tu existencia caminando con calma

«Cuando las cosas suceden con tal rapidez,
nadie puede estar seguro de nada, de nada en absoluto,
ni siquiera de sí mismo».

–MILAN KUNDERA

La prisa se ha convertido en la gran pandemia de nuestra era moderna. ¿Hacia dónde vamos tan acelerados?

No sé si te pasa como a mí, que sigo el mantra de hacer más cosas en menos tiempo. Suena el despertador y mientras me aseo pongo una lavadora, a la vez que se hacen mis tostadas. Contesto mensajes en lo que dura mi desayuno. Escucho un *podcast* durante el atasco que encuentro de camino hacia mi trabajo. Almuerzo en la oficina resolviendo mil y una tareas sin apartar los ojos de la pantalla. Recojo a mi hijo de la escuela y durante su clase de taekwondo aprovecho para escribir un rato. Compra, recoge, lava, cocina... y así, corre que te corre, va pasando también la vida.

La ciencia ha demostrado que la vida monacal, alejada del ruido y de las prisas, aumenta la longevidad y la sensación de felicidad. Sin embargo, nuestras condiciones de vida no son las de vivir retirados del mundo, sino, más bien... ¡todo lo contrario!

¿Cómo podemos encontrar ese sosiego monástico sin tener que retirarnos al Himalaya o a un convento para conseguirlo?

Calma para liberar el alma (del reloj)

Nuestra cultura nos inculca el miedo a perder el tiempo, por eso nos llenamos con un sinfín de cosas y de quehaceres. Sin embargo, esa misma aceleración nos hace vivir tan rápido que no nos damos cuenta de que lo único que pasa es la vida.

Estiramos tanto el tiempo y metemos tantas cosas que nos cuesta dejar espacio o energía para lo realmente importante. Ya lo cantaba Serrat: «son aquellas pequeñas cosas que nos dejó un tiempo de rosas, en un rincón, en un papel, o en un cajón». No hay duda de que la velocidad nos ha traído muchos progresos y, no es que tengamos que renunciar a ser rápidos, ni mucho menos, pero sí que podemos revisar en qué aspectos queremos ser veloces como el viento, o ser como la tortuga protagonista del cuento de la liebre.

La concepción del tiempo es muy diferente dependiendo de las culturas. La occidental cree que el tiempo es lineal. Avanzamos de un punto a otro, rápidamente, porque nos dedicamos a contar los años que nos quedan de vida y, quizás, creemos que estamos en tiempo de descuento. No sé si avanzamos hacia la muerte o huimos de ella, pero está claro que nuestra pretensión es estirar los segundos como si estiráramos una goma.

Cambio de chip: Lentitud frente a celeridad

Quizás hayas oído hablar de una filosofía muy en auge en los últimos años, el *Slow Movement (movimiento de la lentitud),* que aboga por bajar el ritmo y desafiar el culto a la velocidad. Esta filosofía surgió de la mano de Carlo Petrini, en contraposición a la inauguración de un local de comida rápida *(fast food)* en Roma, por ser una alimentación industrializada, globalizada y poco ecológica.

Petrini apostó por defender la lentitud en el comer en todos sus sentidos: desde cultivar los alimentos minuciosamente hasta consumirlos lentamente percibiendo exhaustivamente todo su sabor. Así nació la variante *Slow Food* que, además, en poco tiempo se interesó también por la buena salud del planeta y la utilización de materias primas que fueran respetuosas con el medio ambiente.

Esta filosofía de la lentitud (y de la sostenibilidad) se ha ido extendiendo a más ámbitos de la vida, como la educación *(Slow Education)*, que aboga por respetar los ritmos naturales de los más pequeños; la moda *(Slow Fashion)*, en contrapartida a la moda rápida, que apuesta por la utilización de materias primas orgánicas, el ahorro de agua y del respeto por los derechos humanos en el proceso de confección de las prendas; las ciudades *(Cittá Slow)*, que contempla una urbanización con más espacios verdes y calles peatonales, libres de coches, de ruido y contaminación; la medicina lenta *(Slow Medicine)*, que aboga por contemplar al ser como un todo holístico, capaz de regenerarse a su propio ritmo, con ayuda de hierbas o homeopatía; e incluso, el sexo *(Slow Sex)*, que apuesta por un sexo más lento, más consciente y lleno de sentido.

El quid de la cuestión es vivir con más calma y delicadeza, como bien apunta Carl Honoré en su obra *Elogio a la lentitud*: «actuar con rapidez cuando tiene sentido hacerlo y ser lento cuando la lentitud es lo más conveniente». Es decir, bajar el ritmo y saborear lo que tenemos entre manos, teniendo en cuenta que la salud del planeta depende de nuestras acciones.

EJERCICIO. TOMA CONCIENCIA DE TU AGENDA

Te propongo que, durante unos días, tomes una agenda y registres por escrito todo lo que llevas a cabo durante las 24 horas del día. Trata de anotar todo lo que haces desde que te levantas hasta que te acuestas. Toma nota de todo, incluso si al levantarte consultas unos minutos el móvil. Así que te animo a registrarlo todo: el tiempo que empleas en asearte, el desayuno, lo que duran tus trayectos, tu trabajo, tus horas de ejercicio, el tiempo que ves la televisión o plataformas como Netflix, tus minutos al teléfono, los momentos que dedicas a charlar o jugar con tus hijos, etc.

Al final del día compila los resultados por temáticas. Por ejemplo, si te duchas y posteriormente te maquillas puedes llamarlo «Tiempo de aseo». Compila los momentos que dediques a hacer ejercicio, comer, limpiar, meditar, ver naturaleza, navegar por las redes sociales, ver la televisión, trayectos, tiempo con tus hijos, descanso, teléfono, tiempo para no hacer nada, etc.

Cuando haya transcurrido una semana, haz un cómputo del tiempo que has empleado en las diferentes temáticas y observa detenidamente los resultados.

¿Dónde transcurre tu tiempo?

¿A qué te gustaría poder dedicar más tiempo?

¿Qué podrías eliminar o reducir para mejorar tu vida?

¿Qué cosas te gustaría hacer más lentamente?

¿Qué podrías delegar?

Gestiona tu tiempo

Decía el escritor Stephen Covey, autor del libro *Los 7 hábitos de la Gente Altamente Efectiva,* que «el desafío no consiste en administrar el tiempo, sino en administrarnos a nosotros mismos»; por lo tanto, es importante que conozcamos qué es lo realmente importante en nuestra vida. Parafraseando al mismo autor, «hay que decidir cuál es nuestra máxima prioridad y tener el coraje de decir NO a otras cosas».

Pero ¿cómo materializamos eso en nuestro día a día?

Yo soy de las que solía hacerme largas listas con todas las tareas pendientes de mi vida. Tareas y tareas, que no cabían en mi día a día. Sin embargo, gestionar bien el tiempo no consiste en eso. No se trata de hacer una lista de actividades e ir tachándolas a medida que cumplimos con ellas. Hay que saber planificarse, priorizar y, sobre todo, descartar o delegar.

A continuación, te explico el método de Los Cuatro Cuadrantes, una matriz que contiene el famoso libro del autor. Se basa en clasificar lo que tenemos que hacer en cuatro secciones. Cada una posee diferentes características, para poder determinar qué es lo que realmente queremos o debemos hacer y qué no.

El tiempo no solo es tiempo. Yo diría que es casi una filosofía de vida, pues depende de cómo lo manejemos seremos más o menos felices.

Te explico a continuación con detalle en qué consiste:

	URGENTE	**NO URGENTE**
IMPORTANTE	A. Hacer inmediamente	B. Programar o delegar ya
NO IMPORTANTE	C. Delegar o ceder	D. Ignorar o suprimir

- El **primer cuadrante** corresponde a todo aquello que es **IMPORTANTE Y URGENTE**. En esta sección se ubican todos aquellos quehaceres que no pueden ser pospuestos. Aquí se incluye todo aquello que es realmente prioritario, lo que tiene mayor importancia sobre lo demás. Hay que atenderlo en primer lugar y no se puede atender otra actividad hasta que esto se resuelva. Hay que **hacerlo ahora** como, por ejemplo: atender un siniestro, un proyecto urgente de última hora… ¿Qué es lo que incluirías en esta sección?

- El **segundo cuadrante** corresponde a algo que es **IMPORTANTE, pero NO ES URGENTE**. Son tareas que no son inminentes, aunque son muy importantes, quizás a medio o largo plazo. Por ejemplo, realizar ejercicio físico, cuidar de tu relación de pareja, invertir en desarrollo personal... son cuestiones que no son urgentes; sin embargo, si no las atiendes con constancia, puedes ver que te afectan a medio o largo plazo. Por lo tanto, **es importante planificar sobre calendario o agenda** en qué momentos llevaremos a cabo estas tareas.

- El **tercer cuadrante** corresponde a las cuestiones que **NO SON IMPORTANTES, pero SON URGENTES**. Esta sección normalmente la llenamos con cuestiones sobrevenidas. En mi trabajo muchas cosas acaban siendo urgentes por esa falta de previsión. O también ocurre, con interrupciones, llamadas imprevistas, correos electrónicos, etc. Son cuestiones que no requieren específicamente de nuestras habilidades y Covey nos sugiere que incluso podríamos llegar a DELEGAR. ¿Quién podría hacer esto por ti?

- El **cuarto cuadrante** tiene que ver con todas esas tareas que **NO SON IMPORTANTES y NO SON URGENTES**. Muchas de nuestras actividades absorben la mayor parte de nuestro tiempo, sin embargo, no tienen relevancia. Cuestiones como mirar las redes sociales cada poco tiempo, quedar con personas que poco nos aportan o pasar mucho tiempo viendo la televisión. El autor nos sugiere que **ELIMINEMOS** estas tareas por completo.

Cuando conocí esta poderosísima herramienta, descubrí que casi todas mis tareas estaban repartidas entre el primer cuadrante y el tercero. Es decir, todo era urgente, aunque fuera o no importante.

El autor comenta que las personas tendemos a pensar que todo es urgente y, por esa razón, vivimos totalmente estresados. Ser consciente de ello nos puede ayudar a reflexionar acerca de esas cuestiones y planificar mucho mejor nuestras agendas.

Te recomiendo que concentres tus energías en el segundo cuadrante: las cosas importantes, pero que no son urgentes, ya que es ahí donde podemos lograr bajar las revoluciones de nuestro día a día y ayudarnos a sentir mejor. Recuerda que cada momento tiene un valor incalculable, porque no olvides que en cada instante es donde transcurre tu vida.

EJERCICIO. CUADRA TU TIEMPO

Ahora que eres consciente de tu agenda, trata de organizar tu tiempo, según la matriz de Stephen Covey. Determina tus tareas según los cuatro cuadrantes. Recuerda concentrarte en el segundo cuadrante (importante, pero no urgente), ya que esa planificación es la que nos permite alcanzar mayores cuotas de bienestar.

La naturaleza, tu convento

Cuenta la leyenda que Siddharta Gautama (Buda), después de haberse instruido en el arte de la meditación, se sentó bajo el Árbol Bodhi, la famosa higuera, con el objetivo de alcanzar la iluminación.

Gracias a la sombra que daba, pudo protegerse de los rayos del sol, y se cuenta que también le sirvió como refugio durante las noches. Dicen que durante una fuerte tormenta, de las raíces de la higuera apareció Muchilinda, el rey de las serpientes, quien se enroscó alrededor de Siddharta para protegerlo. Cuando Gautama finalmente alcanzó la iluminación, lleno de gratitud, se mantuvo una semana más, con los ojos abiertos, mirando fijamente al Árbol Bodhi sin pestañear.

En la actualidad, cada 8 de diciembre se conmemora la iluminación de Buda. En este día muchos seguidores, imitando al maestro, se toman un momento para meditar bajo las ramas de algún árbol cercano. Según la cosmovisión budista, la naturaleza no es algo externo al ser humano, sino parte de él y de su devoción.

Muchas veces pienso que nos hemos creado un mundo artificial, muy alejado de nuestro ritmo natural. Nuestras exigencias hacen que creamos que la vida rápida y desconectada de nuestras verdaderas necesidades nos llevan a estar mejor.

Trabajamos muchas horas para sobrevivir. Vamos de un lado al otro corriendo, huyendo del séptimo pecado capital que es la pereza. Sin embargo, la prisa no está ahí afuera, sino que es la manera en la que nosotros configuramos el mundo y que acaba siendo una realidad.

Si nos fijamos en la naturaleza, por ejemplo, en los animales, nos daremos cuenta de que actúan de forma totalmente diferente a la nuestra. Ellos no sufren de úlceras por estrés, ni viven corriendo como si les fuera la vida en ello, como te contaba en el segundo capítulo de este libro.

Aunque no lo creamos, somos parte de esta maravilla natural que nos rodea y que nos permite desplegar la vida. La naturaleza posee sus propios ritmos, muy ajenos a los impuestos. Las cosas no suceden en 140 caracteres, ni en 1 minuto de *reel*, o en 20 minutos de una *TED TALK*. Los fenómenos poseen sus propios tiempos, así como una semilla vive su proceso para convertirse en flor.

Conectar con la naturaleza significa sentirnos parte de ella, de sus ritmos. Observar que todo tiene un orden y que no somos tan únicos como especie, como creemos. Así que podemos vivir de una forma mucho más sosegada, en contacto con nuestro medio y alimentándonos con gratitud de todo lo que nos ofrece nuestra madre Tierra.

Aunque seas un monje urbano, conecta con tu ritmo natural

Los monjes de cualquier orden se levantan con el alba y se acuestan con los últimos rayos de sol. Respetan las rutinas a rajatabla y, quizás, sin saberlo, viven acorde con sus ritmos naturales.

En 2017, se concedió el Premio Nobel de Medicina a Jeffrey C. Hall, Michael Rosbash y Michael W. Young, por el descubrimiento, que habían hecho en 1984, sobre los mecanismos moleculares que **controlan los ritmos circadianos**.

Descubrieron la forma en que las plantas, animales y humanos adaptan sus ritmos biológicos y los sincronizan con las revoluciones de la Tierra.

Si alguna vez has viajado a otro continente, habrás podido notar los efectos negativos del *jet lag*. Eso ocurre, precisamente, porque rompemos nuestros ritmos circadianos. Pero no hace falta que viajemos a otro país para descompensarnos, puesto que nuestro ritmo natural también lo quebramos cuando dormimos poco, cuando comemos de forma desordenada o cuando estamos expuestos a mucha luz artificial, sobre todo a la de las pantallas.

Se ha demostrado que tanto la actividad cerebral como la regeneración celular están sujetas a unos ciclos diarios. El ser humano ha adaptado su fisiología a las fases del día. Así es que, cuando hay un desajuste, nuestro reloj biológico y nuestra salud se pueden ver afectados. Algunos estudios concluyen que, a la larga, la alteración de los biociclos puede acarrear consecuencias fisiológicas, como problemas cardiovasculares o un aumento de la probabilidad de sufrir enfermedades como el cáncer o la diabetes.

Así que, ahora que eres consciente de la importancia de tu ritmo biológico, puedes tratar de mejorarlo, incorporando estos pequeños hábitos:

1. **Toma el sol**. La vitamina D proveniente del sol es de vital importancia para tu salud mental y física. Aunque sean 15 minutos todas las mañanas, un baño de sol te puede ayudar a sentirte despierto y fresco.
2. **Haz ejercicio suave a diario**. Unos estiramientos o un paseo diario aumentan tu temperatura corporal y tu sensación de felicidad. Hacer un poco de cardio puede ayudarte a dormir mejor por las noches.
3. **Reduce el estrés**. Cuando estamos estresados generamos cortisol, que hace que nuestro siste-

ma inmunológico se debilite, por lo tanto, somos más propensos a enfermar. También es una de las razones por las que muchos de nosotros nos mantenemos despiertos por la noche. Por lo tanto, trata de reducirlo, poniendo en práctica todos los hábitos que contiene este libro. Puedes probar a incorporar prácticas asiduas de yoga, pilates, taichí, chi kung, ejercicios de relajación y/o de meditación en tus rutinas semanales.

4. **Apaga el wifi antes de ir a dormir**. No solo porque dejar tu móvil ayuda a reducir las distracciones y el estrés, sino también porque la luz puede interferir en la regulación de secreción de melatonina en tu cerebro.

5. **Establece horarios para tus comidas, para levantarte e irte a la cama**. Trata de acostarte (o atenuar las luces) cuando se vaya el sol y levantarte con la luz del alba. Prueba a cenar dos horas antes de acostarte y observa cómo favoreces tu digestión y mejora la calidad de tu sueño.

6. **Revisa tu dieta**. Consulta con un especialista la dieta que más te convenga para sentirte mejor según tus características y necesidades. La dieta, al igual que otros hábitos, influye directamente en la calidad de tu sueño.

Como es adentro, es afuera

Siguiendo una de las leyes del *Kibalión*, para lograr tener una vida sosegada hay que empezar por cultivar el equilibrio interior. Si nuestro interior está agitado, nuestra vida estará agitada, bien porque la veremos de ese modo, o bien porque provocaremos con nuestros pensamientos que acabe siendo de esa manera.

Haemin Sunim, maestro, escritor y monje budista de Corea del Sur, escribió un maravilloso libro, *Aquello que solo ves al detenerte*, en el que habla del valor que tiene bajar el ritmo en nuestra ajetreada vida moderna, así como del arte de mantener buenas relaciones y cultivar la compasión hacia uno mismo. Un libro para entender que, si disminuimos la velocidad, al mismo tiempo, el mundo se ralentiza con nosotros. En este sentido, el autor apunta que «tendemos a pensar que mente y mundo existen de forma independiente entre sí, sin caer en la cuenta de que la mente no es algo externo a nosotros, sino que vemos el mundo como somos cada persona». Por lo tanto, sostiene el maestro Sunim, «si elegimos sabiamente en qué centrarla, seremos capaces de experimentar el mundo según nuestro estado mental».

Es bien cierto que el mundo es según las gafas que nos ponemos para mirarlo. Si nuestra mente es alegre y compasiva, el mundo también lo será. Sin embargo, cuando nuestra mente está llena de pensamientos negativos, todo nos va a parecer un horror. Y es que, si conseguimos relajar la mente, lo de afuera (el mundo), también lo hará.

Desarrolla el equilibrio

Para desarrollar ese equilibrio, que crea la armonía entre el interior y el exterior, necesitamos un entorno tranquilo. Una vida lo más simple posible y aunque, *a priori*, nos parezca imposible, podemos conseguirlo simplificando al máximo nuestros proyectos mentales. Cómo hacerlo, te preguntarás. Pues bien, te explico unos sencillos pasos para cultivar esa calma mental y esa armonía interior que será la gasolina que nos impulse a vivir una vida mucho más sosegada.

1. **Practica asiduamente la relajación.** Apagar nuestra mente y relajar nuestro cuerpo nos ayuda a entrenarnos para estar más presentes en nuestro día a día. A menudo, nos perdemos las experiencias reales de la vida, porque en vez de vivirlas plenamente, las narramos a través de nuestra mente. Según la calidad de nuestros pensamientos, así será la realidad que veremos. Por lo tanto, es importante entrenar la mente, poniendo atención a las sensaciones sensoriales. Practicando la relajación asiduamente, aprenderemos a apagar ese ruido mental y lograremos darnos cuenta de cuando nuestra mente nos juega malas pasadas, emitiendo juicios continuos o viajando del pasado al futuro provocándonos mucho malestar.

2. **Observa y valora las pequeñas cosas cotidianas.** Date cuenta de los matices de la vida. La gratitud es una de las más elevadas virtudes. Sentir agradecimiento nos hace enormemente felices. Así que detente y observa cuántas cosas te rodean por las que te puedes sentirte agradecido.

3. **Habita el aquí y ahora.** Vivir lentamente no quiere decir no hacer nada, ni ser perezoso. Ni siquiera significa hacer lo mismo que hacíamos, pero más despacio. Significa tomar conciencia del momento que vivimos, liberando la mente de juicios y de divagar entre el pasado y el futuro.

4. **Practica la meditación, el *mindfulness*, caminar de forma consciente, el yoga, taichí, chi kung o pilates.** Haz cualquier cosa que ayude a tu mente a habitar el momento presente, a la vez que tu cuerpo y mente se relajan y se llenan de energía.

5. **Disfruta de la naturaleza.** Como te contaba antes, la naturaleza lleva su propio ritmo. Contémplala y siéntete parte de ella. De esta manera te será mucho más fácil sentirte parte de la creación y bajar el ritmo.

6. **Evita el consumismo y deshazte de lo que no necesites.** Como te contaba en el capítulo anterior, lo material no hace que seamos más felices. Al contrario, muchas veces nos crea un inconformismo que nos resta bienestar. Sé consciente y responsable

con el origen de los productos que consumes y dona o regala todo eso que no necesitas. Liberar el espacio exterior también libera tu energía.

7. **Menos tareas.** Nuestro cerebro necesita descansos, así que reedúcate en la creencia de que más cosas en menos tiempo es mejor. Elige una tarea y concéntrate en ella, no solo mejorarás los resultados, sino que además podrás disfrutar del proceso.

La concepción del tiempo en las diferentes culturas.

En la **cultura occidental** el tiempo es lineal, compuesto por pasado, presente y futuro. El tiempo en estas sociedades se considera como un bien muy preciado, por lo tanto, perder el tiempo está muy mal visto.

Sin ir más lejos, el principal mandato de los monjes benedictinos era el **ORA ET LABORA**. Una regla que pone especial atención en la regulación del horario. Ya en la edad media se aprovechaban las horas de luz solar en las distintas estaciones del año para conseguir un buen equilibrio entre el trabajo, la meditación, la oración y el sueño.

Las sociedades modernas cuentan las horas, los minutos, los segundos, las semanas, los días, los meses y los años, considerando que el tiempo es finito y que es posible poder ganarlo, comprarlo o gastarlo.

De hecho, la industria alimentaria del *fast food* (comida rápida) surgió de esta concepción del tiempo. Se desarrollaron productos precocinados y procesados, con el beneficio de ganar rapidez.

Sin embargo, para antigua cultura oriental, el **tiempo es circular.** Se considera que no tiene ni principio ni fin, es infinito y carece del valor que se le da en Occidente. De hecho, la reencarnación es la idea subyacente de un pensamiento no finito y circular.

VII

LA PRÁCTICA DE LAS CUATRO NOBLES VERDADES

Las claves para lidiar con el sufrimiento y ser feliz

«Vuestra labor es prestar atención, esto es el sufrimiento… esto es el origen del sufrimiento, este es el cese del sufrimiento. Vuestra labor es prestar atención, este es el camino de práctica que conduce al cese del sufrimiento».

—Buda

Si tuviera que escoger una flor entre todas las existentes del planeta, sin duda, sería la flor de loto. No solo por su exuberante belleza, sino por toda la simbología que la acompaña.

El loto es uno de los símbolos más importantes del budismo. Crece en aguas pantanosas. Nace desde el barro y emerge de forma exultante hacia la luz. Una metáfora apasionante acerca de la vida y las adversidades. Simbólicamente, cuando estamos en áreas lodosas se debe a nuestro apego hacia el ego, a los sentimientos dañinos y es ahí en medio del fango que tenemos la oportunidad de florecer. La flor de loto consigue atravesar el lodo de las dificultades y elevar la conciencia hacia la iluminación, al igual que lo hizo Buda.

El camino a la felicidad

¿Cómo sería nuestra vida si aceptáramos que el sufrimiento es nuestro gran maestro? Sé que parece imposible, pero si nos detenemos por un instante, nos daremos cuenta de que el malestar y el bienestar son dos caras de la misma moneda, así como el barro y la flor de loto, uno existe gracias al otro. Los budistas lo llaman «la no dualidad» y los taoístas hablan del principio del yin y el yang. Todo contiene su contrario, aunque nosotros vivamos esperanzados en fijarnos tan solo en una de las partes. Sin embargo, la realidad contiene en una misma sus opuestos. El frío contiene el calor, igual que la noche contiene el día, lo bueno, lo malo, lo grande y lo pequeño… el sufrimiento y la felicidad.

Solemos tener claridad de que el amor necesita ser alimentado para sobrevivir. Cuanto más lo alimentamos, más crece, ¿cierto? Pero, por el contrario, nos cuesta caer en la cuenta de que el sufrimiento también crece contra más lo alimentamos. ¡Y de qué manera! Cuando aparece, es de lo más natural que muchos de nosotros queramos huir de él, olvidarnos, distraernos a cualquier precio. ¡Es lógico porque nos da miedo!, ¿verdad? Sin embargo, aunque huyamos seguimos con la sensación de que nos persigue como una sombra, a veces, incluso, de forma obsesiva.

La verdad es que sufrimos por todo. Tenemos miedo a la soledad, a las pérdidas, al desamor, a la vergüenza, a no ser suficientes, al aburrimiento, al cambio, a soltar...

Pero... no te desesperes, que estamos en esta vida para aprender, así que vamos a desgranar todo eso que nos hace sentir mal, vamos a mirarlo de frente y... ¡abrazarlo con todo nuestro ser!

Te voy a contar una fórmula milenaria para ayudarte a traer paz, equilibrio y una oportunidad de aprendizaje a tu vida. Se trata de las cuatro nobles verdades de Buda.

PRIMERA NOBLE VERDAD. *Dukkah*: la verdad del sufrimiento

> *«Monjes, esta es la noble verdad del sufrimiento.*
> *Nacer conlleva sufrimiento, envejecer conlleva*
> *sufrimiento, enfermar conlleva sufrimiento, morir*
> *conlleva sufrimiento, la tristeza, el lamento, el dolor*

físico, la infelicidad, el estrés es sufrimiento, estar con
lo que a uno le desagrada es sufrimiento, no obtener lo
que uno desea es sufrimiento, en resumen, los cinco
agregados de la adherencia son sufrimiento».

—BUDA

Te invito a que pienses por un momento en el agua. Seguramente todas las personas aceptamos que la característica del agua es ser fluida y tomar la forma del recipiente que la contiene, pero también sabemos que el agua se vuelve vapor cuando se calienta, o se vuelve sólida cuando se congela. El agua es así, ¡no hay duda! Esa es su verdad y conocerla nos genera mucha paz porque entendemos su naturaleza.

Lo mismo ocurre con la esencia humana. Nacemos, enfermamos, envejecemos, morimos… y definitivamente, esas condiciones nos provocan mucho dolor. No obstante, ese malestar que sentimos es la materia prima que un alquimista, como tú, puede transformar en oro, en infinita sabiduría y bienestar.

El secreto consiste en reconocer e identificar que existe ese malestar (enfermedad, depresión, relaciones complicadas, miedo, etc.). Como si fuéramos de visita al doctor y nos preguntara dónde está nuestra dolencia y nosotros se la mostráramos. Esta primera noble verdad nos habla de aceptar que ese malestar forma parte de nosotros y debemos tratarlo con bondad, sin lucha ni resistencia, más bien con mucho valor y aceptación.

EJERCICIO: ABRAZA TU MALESTAR

Te invito a que te detengas por un instante, en algún lugar tranquilo. A poder ser, adopta una postura de meditación, con la espalda a 90º para que te mantengas lo más despierto o despierta posible. Trata de centrar tu atención en la respiración y sentir como tu cuerpo se relaja con cada inspiración y cada exhalación.

A continuación, piensa en ese malestar que tienes y trata de abrazarlo, de acogerlo mientras respiras. Internamente puedes decirte: «Sé que estás ahí, malestar. Estoy aquí y cuidaré de ti». Trata de no juzgarlo. No te digas cosas, como que es bueno, o malo. Tan solo atiéndelo y repara en ti mientras llevas a cabo esa observación. Sigue enfocando tu atención mientras respiras, sin hacerlo grande, ni pequeño, sin alentarlo. Si aparece algún pensamiento por tu mente, tan solo déjalo pasar. Como si vieras el agua de un río correr que fluye sin más. Observa sin juzgar, mientras respiras.

SEGUNDA NOBLE VERDAD. *Samudaya*: el origen del sufrimiento

> *«Monjes, esta es la noble verdad de la causa del sufrimiento. La causa del sufrimiento es la avidez, que causa nueva existencia, que se une al placer en eso y aquello, y al apego a esto y lo otro, es decir, el ansia*

por obtener placer, por seguir existiendo, o por evitar
que ocurra lo que no nos gusta, es la causa
del sufrimiento».

—BUDA

Estamos en la segunda etapa de nuestro camino. Después de reconocer el dolor, nos podemos tomar un tiempo para observarlo y entender sus causas. Seguramente el doctor en esta etapa nos haría una serie de pruebas. Querría entender qué es lo que puede haber propiciado ese malestar. Quizás nos preguntaría cosas cómo: ¿Qué sucede en nuestras vidas? ¿Qué es lo que hemos estado comiendo? ¿Cuáles son nuestros hábitos de vida?, etc.

La verdad es que cada día hacemos grandes esfuerzos por estar bien. A veces, nos sentimos mal e incluso nos atrevemos a cambiar de trabajo, de pareja, a mudarnos de casa o de país. Sin embargo, es posible que, a pesar de realizar todo eso, sigamos sintiendo malestar. Allá donde vamos, nos persigue ese dolor como si de una sombra se tratara. Así que puede ser que la clave resida en eliminar las malas hierbas de nuestro interior y propiciar que esas flores internas florezcan sin que nada las entorpezca.

Nuestro malestar, ya sea físico o emocional, debe ser comprendido. Podemos meditar, buscar apoyo en nuestro entorno, la guía de un maestro, ayuda terapéutica... todo lo que sea posible para llegar al fondo de nuestra insatisfacción y saber de qué se alimenta nuestro sufrimiento. El mero hecho de conocer las causas aligera nuestra carga. En este sentido Buda dijo: «cuando algo sucede, si observamos profundamente el corazón de la realidad, viendo su origen y el alimento que lo nutre, ya nos hallamos en la senda de la liberación». Por lo tanto, te propongo, de momento, cambiar ciertos hábitos de «alimentación» con la siguiente dieta especial.

PIERDE MALESTAR DE FORMA SALUDABLE

1. **Pon atención a lo que comes y bebes.** Sin ser consciente, con todo lo que nos llevamos a la boca, ingerimos malestar físico y/o energético. El problema es que, a veces, no discriminamos lo que nos hace bien y lo que nos hace mal. ¿Quién no se siente agotado o con falta de energía tras una comida copiosa o tras ingerir determinados alimentos? O… ¿cuánto tiempo nos cuesta recuperarnos por habernos excedido con el alcohol? Estaría bien conocernos para poder elegir aquellos nutrientes que nos hacen bien y que no dañen nuestro entorno.

2. **Reduce las impresiones sensoriales.** Todo lo que captamos a través de nuestros sentidos (vista, olfato, oído, gusto y tacto) hace que la mente se

alimente con todo lo que nos llega pasivamente. Sin ser conscientes, absorbemos mucha negatividad y violencia del exterior, ya sea a través de la publicidad, noticias, televisión, películas, juegos, chismes, lamentos, etc. Todo eso, aunque no lo creamos, va creando un ruido interno y nos va llenando de toxinas que nos dañan y nos agotan. Buda nos aconsejó poner un centinela en la conciencia. Alguien vigilante en cada puerta de nuestros sentidos.

3. **Menos intenciones o deseos.** En el mundo en el que vivimos es normal que nos llenemos de deseos y queramos alimentarnos de ellos. Deseamos una casa más grande, un mejor coche, ser más populares, un mejor trabajo, tener más dinero… ¡quién no!, ¿verdad? Sin embargo, es posible que esos deseos nos estén esclavizando y creando una carga mental añadida.

¿Qué te parece si nos reservamos un espacio para poner atención a todo eso que ya tenemos en nuestra vida? Se me ocurren cosas como: desear dar un paseo, ver la salida o una puesta de sol, observar las flores o el paisaje, jugar con nuestros hijos, compartir momentos con nuestros seres queridos, agradecer nuestra salud y la de nuestros familiares… ¿Qué se te ocurre a ti? Creo que, si conseguimos reducir nuestros deseos y cambiarlos por algo más simple, ganaremos mucha paz y libertad.

4. **Toma un superalimento de conciencia.** Trata de romper con los paradigmas con los que funcionamos inconscientemente y que ya no te sirven. Muchas veces vivimos por inercia, siguiendo patrones programados por nuestras familias y por la sociedad. Busca ayuda si hace falta y descubre todo eso que das por bueno solo porque te ha venido dado. Muchas veces tenemos un sistema de creencias y una forma de ver la vida que no nos cuestionamos y puede ser que esté menguando nuestra capacidad de vivir con más libertad. Solamente tenemos una vida (o no), así que ¡vamos a intentar poner consciencia en esta y vivir de una forma mucho más plena!

EJERCICITA TUS NOBLES VERDADES

Trata de identificar el enunciado de tu sufrimiento (primera verdad). Puede que sea que estés en una «relación difícil», que estés atravesando una «enfermedad», o que sientas otra clase de malestar físico o emocional.

MI SUFRIMIENTO ES: ....

....

Ahora que ya le has puesto nombre, pasamos a la segunda verdad. Observa profundamente la naturaleza de tu sufrimiento para ver con qué clase de alimento lo has podido sustentar.

Para descubrirlo, puedes preguntarte: ¿Cómo he vivido en los últimos tiempos? ¿Qué ha contribuido a mi sufrimiento? ¿Qué alimentos (de los que acabamos de ver) he ingerido para aumentar mi sufrimiento?

LA NATURALEZA DE MI MALESTAR ES: ....

....

- -

TERCERA NOBLE VERDAD. *Nirodha*: La noble verdad de la cesación

«Monjes, esta es la noble verdad del cese del sufrimiento, es la extinción total del sufrimiento, su abandono, su liberación, no atarse al sufrimiento».

Esta verdad nos habla de entender el sufrimiento. ¡Por fin, el doctor logra decirnos de qué se trata! Nos revela el nombre y las características de nuestra «enfermedad». Sabemos su nombre y apellidos.

Cuando estamos sanos y la vida nos sonríe, es difícil acordarse de la fortuna de poder despertar un día más con vida, de poder respirar plenamente, disponer de buena vista, un tronco que nos sostiene, unos pies que nos conducen o que nuestros órganos funcionen a la perfección. Vivimos en un sistema económico que parece que nos programe para enfocarnos en todo aquello que nos falta, en lugar de todo eso que ya tenemos.

Con un poco de entrenamiento podemos cambiar el foco hacia nuestra abundancia. Si logramos saber cómo creamos ese dolor, podremos deshacerlo. Así que llénate de optimismo y no te preocupes… para mitigarlo hay un camino.

CUARTA NOBLE VERDAD. *Magga*: El noble camino óctuple

> *«Monjes, esta es la noble verdad de la vía que conduce al cese del sufrimiento, el óctuple sendero, es decir, visión justa, pensamiento justo, lenguaje justo, acción justa, modo de vida justo, esfuerzo justo, atención justa y concentración justa».*

Si yo quisiera ser músico y me dirigiera al conservatorio, seguramente me informarían que tengo que cursar determinadas materias obligatorias como: Lenguaje Musical, Armonía, Educación del Oído, el instrumento que escogiera, etc. Tendría muy claro que existe un recorrido para llegar a mi objetivo: aprobar las asignaturas y practicar miles de horas mi instrumento. Pues bien, para la felicidad también hay un camino que recorrer.

Veamos cuáles son esas **8 asignaturas** que tenemos que cursar para instaurar el hábito de ser feliz:

1º ASIGNATURA: Visión correcta. No sé si te ha pasado alguna vez, pero cuando te detienes a observar las nubes, te das cuenta de que alguna tiene una forma concreta. Puede ser un animal, un rostro, o… cualquier cosa. Pero te habrá ocurrido que, si estás con alguien, esa persona puede ser que vea otra cosa muy distinta a la tuya.

Eso mismo nos pasa en la vida cotidiana. Cada persona tenemos una visión de la realidad muy distinta, porque la percepción que tenemos del mundo no es la realidad en sí misma, sino un punto de vista que nace de todas las ideas que ya tenemos.

Si alguna vez te mordió un perro, será fácil que te asustes cuando se te acerque uno. Tendrás que entrenarte mucho para volver a confiar en estos animales. Lo mismo ocurre con nuestra vida. Creemos que solo existe la realidad de que los perros son peligrosos, sin cuestionarnos que quizás solo somos nosotros quienes lo veamos así.

Un maestro que conocí decía que todos albergamos en nuestro interior semillas sanas e insanas. No obstante, crecerán las que reguemos. Por ejemplo, si regamos la semilla de la lealtad, seremos personas leales, de lo contrario, crecerán las semillas de la traición y es posible que incluso traicionemos a nuestros seres queridos. ¿Qué semillas riegas tú?

2º ASIGNATURA: Pensamiento correcto. Este hábito es una consecuencia del anterior. Si tenemos una visión correcta, tendremos un pensamiento correcto.

Los pensamientos son nada más y nada menos que las palabras que utiliza nuestra mente. La mayoría de las veces, como te contaba en el segundo capítulo, son innecesarios, limitados y dañinos. Sin embargo, cuando practicamos el hecho de «ser conscientes» podemos filtrarlos y decidir si nos sirven o no. Incluso podemos sustituir los nocivos por otros sanos.

Dicen los maestros que los pensamientos tienen dos partes, la inicial y la desarrollada. La inicial sería el hecho de plantearse algo. Por ejemplo: «mañana tengo que entregar un trabajo». Seguidamente se activa el pensamiento desarrollado: «Si lo estoy haciendo correctamente»; «si mi jefe o profesor va a estar de acuerdo con el planteamiento de mi trabajo»; «si me da tiempo», etc. Y es en esa segunda parte en la que entramos en juicios categóricos que poco suelen beneficiarnos.

A mí me funciona el hábito de volver al cuerpo tras un pensamiento inicial. Tomando el ejemplo anterior, tras saber que «tengo que entregar un trabajo» intento no desarrollar ese pensamiento y darle rienda suelta. Vuelvo a la respiración y a ser consciente de mi cuerpo. De esa manera, es como si hilvanara mi cuerpo y mi mente con el acto de respirar y me permito detener a la «intensa» de mi mente. De lo contrario… ¡preparad las palomitas! Es increíble las películas que nos podemos llegar a montar. Te aconsejo que hagas la prueba. Verás como vuelves al aquí y ahora en cuerpo y alma.

3° ASIGNATURA: Habla correcta. Las palabras son nuestros pensamientos expresados en voz alta. Por lo tanto, si nuestros pensamientos están viciados, tenemos que usar nuestra conciencia, como si de un editor de textos se tratara, y utilizar el habla correcta. Sin mentir, sin herir, sin crear divisiones, sin exagerar, sin hablar de otros, ni meternos en la vida de los demás.

Este hábito me ha hecho recordar la anécdota de los Tres Filtros del gran filósofo griego Sócrates. Se cuenta que un discípulo llegó indignado a casa del filósofo queriéndole explicar cómo alguien le estaba criticando. Pero entonces, Sócrates lo interrumpió preguntándole si lo que quería contarle había pasado los tres filtros, así que le dijo:

—El primer filtro es la VERDAD. ¿Ya examinaste cuidadosamente si lo que me quieres decir es verdadero en todos sus puntos? —le preguntó Sócrates.

—No… simplemente se lo escuché decir a unos vecinos —respondió el discípulo.

—Pero al menos lo habrás hecho pasar por el segundo filtro, que es la BONDAD: ¿Lo que me quieres decir es por lo menos bueno? —volvió a preguntar Sócrates.

—No, en realidad no... ¡todo contrario! —dijo el discípulo.

—¡Ah! —interrumpió Sócrates. —Entonces vamos al último filtro. ¿Es necesario que me cuentes eso?

—Para ser sincero, no.... Necesario no es —concluyó el aprendiz.

—Entonces —sonrió el sabio—, si no es verdadero, ni bueno, ni necesario... sepultémoslo en el olvido.

Aunque esta anécdota esté muy enfocada en los rumores o chismes, también es muy válida para lo que escuchamos de otras personas, en los medios de comunicación o en las redes sociales.

La base para practicar el habla correcta se halla también en la escucha. Si no sabemos escuchar con atención, tan solo expresaremos nuestras ideas sin tener en cuenta a la otra persona. Debemos aprender a escuchar porque este pequeño y a la vez gran gesto puede cambiar el mundo de las personas que nos importan.

- -

EJERCICIO PARA ESCUCHAR CON ATENCIÓN

1. Obsérvate mientras estás hablando con alguien o tras mantener una conversación.

2. Enfoca tu escucha en la otra persona. Trata de ser consciente de si la estás escuchando, o por el contrario estás juzgando lo que dice o preparando una respuesta.

3. Intenta resumir los temas de los que habéis hablado y puntúa en porcentaje si los temas eran de la otra persona, neutros o tuyos.

4. Puntúa con un porcentaje el tiempo que has estado hablando tú y la otra persona.

5. De nuevo, vuelve a puntuar con un porcentaje el tiempo que has hablado de ti o de la otra persona.

6. Puntúa el tiempo que has pasado escuchando sin la necesidad de hablar de ti.

7. Repite una y otra vez este ejercicio hasta que ganes conciencia de la escucha.

- -

4° ASIGNATURA: Acción armoniosa. Este hábito nos habla de sentir amor y evitar causar cualquier daño, de practicar la no violencia con nosotros mismos y los demás. Aunque no lo creamos, estamos interconectados con el resto de los seres humanos, los animales y las plantas, así como con el medio ambiente y el planeta.

Cuando una semilla encuentra las condiciones óptimas para brotar (calor, humedad, nutrientes…) acaba germinando. Primero nace un tallo, más tarde la planta y con ella surgirán las hojas, las flores y, quizás, un fruto. Posiblemente ese fruto será comido por un pájaro que a su vez abonará de simientes otro campo, provocando que, de nuevo, esas semillas germinen.

Cuando vemos una nube en el cielo, sabemos que esa nube proviene de la evaporación del agua. Anteriormente fue un río, un mar, un océano o un lago. Pero esa nube no desaparece hacia la nada, sino que se convierte en lluvia, que vuelve a caer deliciosamente sobre la tierra.

Todo en esta vida forma parte de un maravilloso ecosistema. Sin embargo, nuestra mente binaria se apega a la nube o a la semilla y, metafóricamente, cuando desaparece nos rompe el alma. Pero, si nos paramos a pensar, la nube o la semilla nunca fueron, sino que son parte de un ciclo vital, al igual que lo somos las personas.

Nuestra vida es un constante cambio. Nacemos, somos lactantes, niños, adolescentes, adultos, ancianos, hasta que el cuerpo yace inerte en la tierra y, de nuevo, se genera la magia de otro ciclo. Pensándolo así, el miedo no tiene cabida, porque no hay nada estático a lo que aferrarse. Ni siquiera la vida y la muerte serían un principio o un final. Es nuestra mente binaria la que se fija en la semilla y cree que muere cuando desaparece.

Los budistas y otras filosofías creen en la reencarnación por este motivo. Dicen que nacemos de esta vida, pero venimos de otras y arrastramos nuestras experiencias. Por eso hablan del karma, que no es más que una ley de causa y efecto que rige el Universo. Es bien cierto que cada uno de nosotros somos responsables de nuestras acciones (u omisión de ellas) y también somos los herederos. Como bien dice el refrán: «quien cosecha vientos, recoge tempestades».

Descubrir la interdependencia de la realidad es muy poderoso, porque nos damos cuenta de que todo está relacionado con todo. Hay un proverbio chino que más tarde se convertiría en la teoría física «El efecto mariposa» que dice: «el aleteo de las alas de una mariposa se puede sentir al otro lado del mundo». Por lo tanto, es indispensable escoger las acciones correctas para nuestro bienestar, el de los demás y el de las futuras generaciones.

5º ASIGNATURA: Modo de vida correcto. Escoger nuestra manera de subsistir es más importante de lo que creemos, ya que al final es donde pasamos la mayor parte de nuestro tiempo. Si queremos crear armonía en nuestra vida, deberemos vivir con coherencia. Sería incongruente ser un vendedor de armas, de drogas, o de personas y tratar de trazarse un camino espiritual.

Puede que estos ejemplos que acabo de poner nos queden muy lejos a la mayoría de nosotros. Sin embargo, puede ser que, sin saberlo, estemos colaborando en ellos. Tal vez no trabajamos en la fabricación de armas, pero estaría bien investigar si nuestro banco invierte en esos temas. Lo mismo ocurre con la ropa o marcas que vestimos. Es posible que, para abaratar costes, se practique algún tipo de abuso o esclavitud.

Otro aspecto importante en esta asignatura está relacionado con cuan absorbente y estresante nos resulta nuestro modo de vida. La verdad es que hay muchas cosas maravillosas en nuestra existencia como para perdérnoslas viviendo tan solo para trabajar. De hecho, diversos estudios científicos demuestran que, por encima del umbral mínimo de supervivencia, la felicidad no depende de tener más o menos dinero. Sin embargo, sí que es significativo llevar un estilo de vida sobrio y equilibrado, disponer de tiempo, rodearnos de nuestros seres queridos y no gastar más de lo que tenemos.

6º ASIGNATURA: Esfuerzo correcto. En ocasiones tenemos la esperanza de que la felicidad llame a nuestra puerta. Que venga sola, sin esfuerzo. Quizás es porque pensamos que es algo que viene de fuera, igual que el malestar. Sin embargo, nuestro bienestar (igual que el sufrimiento) requiere de una actitud activa, ya que es un camino que requiere de presencia constante, entrenamiento, esfuerzo y vigor.

Me imagino que te estarás preguntando a qué le llamamos «correcto». Pues bien, déjame que te cuente algo. A mí me pasa que cuando practico yoga, algunas veces me hago daño. Visto desde fuera se podría decir que estoy en el camino correcto, el del yoga y el del esfuerzo. Sin embargo, ese esfuerzo no es adecuado si me estoy lesionando, si me estoy exigiendo demasiado. Si practicas algún instrumento de cuerda entenderás que la cuerda no puede estar ni demasiado floja, ya que no emite ningún sonido, ni demasiado tensa, porque puede romperse.

Para encontrar el esfuerzo correcto en este sendero del bienestar necesitamos conocer nuestros límites físicos y psicológicos. Se trata de hacer un buen uso de nuestra energía, sin caer en los extremos: forzar hasta rompernos o caer en un estado de somnolencia. Se trata de mantener un estado de presencia constante, perseverando, desde la calma, la alegría y el interés.

Más bien, consiste en encontrar ese punto de *flow*, como bien explicó Mihály Csíkszentmihályi, ese estado en el que las personas se involucran en una actividad que nada más parece importar, cueste lo que cueste, por el mero placer de hacerlo.

Buda dijo: «si quieres ser feliz, descubre lo que es bueno, lo que es virtuoso. La felicidad no viene sola. Hay que adueñarse de ella y aprender a que nos guste».

7º ASIGNATURA: Atención plena. Cuando estamos atentos, pensamos con el pensamiento correcto, nuestras palabras son las adecuadas, nuestra visión es la correcta, somos conscientes de nuestro cuerpo, de nuestras sensaciones y nuestra realidad. Te diría que desarrollar la atención plena supone el 98 % de tu bienestar.

Muchas veces caminamos por la vida como robots, en automático, siguiendo patrones de conducta y absortos en nuestros pensamientos. De esos pensamientos recogemos semillas nocivas. Algunas provienen del pasado, algunas del futuro, otras de familiares, otras de la televisión… esas semillas germinan en nuestra mente y, encima, nos enredamos en ellas. Y así, mientras estamos, pero no estamos, la vida se nos va escapando, perdiéndonos lo que de verdad sucede en este momento.

La magia ocurre cuando logramos desarrollar este hábito del que te vengo hablando durante todo este libro: estar presentes. Con todo nuestro ser. Mientras caminamos, cocinamos, limpiamos, trabajamos, hablamos, nos cepillamos los dientes o vamos en coche.

Recuerda siempre que la atención plena es el antídoto para los peores estados de consciencia.

8º ASIGNATURA: La meditación. Hemos hablado largo y tendido sobre la meditación en el primer capítulo. Como ya sabes, la meditación es una práctica fundamental para alcanzar la verdadera felicidad. A través de su práctica podemos afinar todos los aspectos anteriores y llevar la mirada hacia nosotros mismos, un momento en el cual uno se recoge y vuelve la mirada sobre sí mismo. Con la práctica regular de la meditación, podemos afinar todos los aspectos anteriores. Por lo tanto, es una práctica fundamental para alcanzar la verdadera felicidad, ya que los beneficios los podemos llevar a todo lo que hagamos durante las 24 horas del día.

Practicar la meditación es tomar una postura activa con la vida. Yo decido qué pienso, qué miro y en qué me enfoco. Porque al final nos convertimos en lo que miramos, en lo que tanta atención prestamos. Cada persona tenemos nuestra propia realidad, dependiendo de los filtros mentales y conceptuales. Como decíamos al principio, la realidad no viene de afuera, la creamos nosotros. Es un reflejo de nuestro estado de consciencia.

Con la meditación conseguimos coger las riendas de nuestra vida, ya que tenemos la oportunidad de entrenarnos en cultivar una realidad pura, virtuosa, que perdure el resto de nuestra vida. ¿Te animas a probar?

VIII

LOS CINCO RITOS TIBETANOS

Ejercicios de los monjes tibetanos para ser eternamente joven

«El cuerpo es tu templo. Mantenlo puro
y limpio para que el alma viva en él».

–B.K.S Iyengar

El secreto de la eterna juventud de los monjes del Himalaya

Muchos de nosotros ya no acudimos a gimnasios, centros de yoga o lugares en los que practicar algún deporte o disciplina. Hemos descubierto que nuestras casas, y el aire libre, también son buenos lugares para fomentar nuestra salud y bienestar. Quizás este haya sido uno de los regalos que la pandemia nos haya dejado para siempre.

Muchas personas, desde entonces, hemos adquirido rutinas como salir a caminar, correr, realizar ejercicios de fitness, o practicar yoga por nuestra cuenta o con la ayuda de algún instructor o instructora *online*. ¡Bienvenido sea! ¡Porque te vengo a traer una sencilla y poderosa práctica que podrás realizar en tu casa, conocida nada más y nada menos como «la fuente de la eterna juventud»!

Los cinco ritos tibetanos son una disciplina ancestral, que los monjes tibetanos han practicado desde hace más de 2.500 años. Durante siglos fue una práctica secreta, que a menudo se hablaba de ella como «el secreto tibetano de la eterna juventud», hasta que en 1939 fue revelada por el autor Peter Kelder, en su libro con el mismo nombre: *The eye of revelation: The ancient Tibetan Rites of Rejuvenation*. En su obra, el autor nos habla del coronel Bradford, seudónimo de un hombre que, supuestamente, viajó al Tíbet y descubrió de primera mano el singular secreto.

En el libro se recogen más de un centenar de testimonios que aseguran que esta práctica diaria les ha cambiado la vida por completo. Unas personas dicen haber rejuvenecido, otras tener el cabello más fuerte, algunas dicen tener una energía sorprendente, mejora de la memoria, fuerza, facilidad para adelgazar, alivio de la artritis, mejor digestión, etc.

Quizás esta sea una de las claves de la longevidad y de la buena salud por la que tanto se caracterizan estos ascetas.

Modo de empleo

Estos ejercicios consisten en la realización de cinco posturas que deben practicarse siguiendo un ritual concreto. El objetivo es alcanzar las **21 repeticiones** de cada ejercicio (excepto del primero), pero, ¡sin prisa! Puedes empezar haciendo 3 repeticiones de cada uno e ir aumentando poco a poco hasta 21 en la medida en la que te sientas capaz.

¡Eso sí! Es necesario que, una vez que empieces, lo realices a diario y como mínimo 6 días por semana. Si alguna vez no tienes tiempo suficiente, trata de realizarlos igualmente, aunque solo sea con 3 repeticiones. La verdad es que esta práctica es ideal para nuestro estilo de vida lleno de prisas, ya que te tomará muy poquito tiempo realizarlos (unos 20 minutos aproximadamente).

Lo ideal es practicar por la mañana y en ayunas, pero ¡no nos vamos a poner exigentes!, así es que ¡hazlo cuando tú puedas! Lo importante es que incorpores el hábito. ¡Tengo mucha curiosidad por saber cómo te sienta esta práctica! Yo he conseguido resultados increíbles y tan solo llevo dos meses con ello.

Como vas a ver, estos ejercicios son posturas o asanas que puedes hacer en otras disciplinas, como el yoga o el pilates, sin embargo, la combinación de los cinco, en el orden establecido y la práctica diaria, es lo que nos aporta los «milagrosos» beneficios.

Para empezar, solo necesitas disponer de una esterilla y concentrarte en la respiración adecuada. En cada ejercicio se realiza una inhalación y una exhalación. Si lo deseas, puedes ver un ejemplo que encontrarás en mi página web (soniarico.net) escaneando este QR.

Puedes pensar que en cada inhalación (inspiración) te llenas de paz, de salud, de todo lo bueno que puedas imaginar; y en cada exhalación (expiración) liberas toda la tensión acumulada en el cuerpo. Puedes aprovechar para soltar todo aquello que no te hace bien en tu vida: emociones estancadas, negatividad, etc.

Los beneficios que se han demostrado son numerosos, te detallo algunos:

- Piel más luminosa
- Disminución de las arrugas
- Refuerzo del cabello
- Menos dolores crónicos
- Mejora de la artritis
- Mejora de las funciones cognitivas, como la memoria
- Aumento de la energía vital
- Mejora de la vista
- Pérdida de peso
- Eliminación de toxinas
- Estimulación de las glándulas del sistema endocrino
- Aumento de la sensación de alegría
- Disminución del estrés
- Desbloqueo de tus chakras

¡A PRACTICAR LOS CINCO RITOS TIBETANOS!

Practica esta secuencia todos los días. Entre postura y postura es importante que dejes un breve espacio de tiempo para que tu cuerpo pueda asimilar positivamente los efectos de cada paso.

Excepto el primer rito (12 repeticiones), el objetivo es llegar a 21 repeticiones de las posturas: 2, 3, 4 y 5. Pero, por favor, ¡escucha a tu cuerpo! Empieza por 3 repeticiones, y ve aumentando poco a poco, transcurridos unos días o semanas, a medida que tu cuerpo lo permita. Es importante detenerse, observarse y poner la conciencia en el cuerpo para evitar agotamiento excesivo o lesiones, ya que estaríamos obteniendo todo lo contrario a lo deseado.

En la siguiente imagen, puedes observar en qué consiste el rito al completo. Pero no te preocupes, que a continuación te los explico detalladamente uno por uno.

1. PRIMER RITO TIBETANO: EL DERVICHE

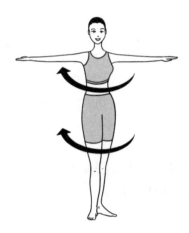

Observa esta imagen atentamente. Ahora trata de imitar la postura. Ponte de pie, con las piernas a la anchura de tus caderas. Eleva tus brazos en cruz, es decir, perpendiculares a tu cuerpo.

La palma de la mano derecha debe mirar hacia arriba y la palma de la mano izquierda hacia abajo. Ahora, gira sobre ti mismo en el sentido de las agujas del reloj, es decir de izquierda a derecha.

Busca un punto fijo para concentrar tu mirada en el frente y cada vez que gires intenta mantener la mirada en ese punto fijo, hasta que la rotación de tu cabeza lo permita. Si tienes dudas podrás verlo mejor en el vídeo que te dejo en mi página web.

El derviche debe repetirse un máximo de **12 veces, es decir, 12 vueltas.** Si te excedes en el número de repeticiones, podría ser contraproducente. No vayas demasiado rápido para evitar mareos. Sé consciente de cada giro. Como ya sabes, la respiración es una parte fundamental de la práctica del yoga, pero para este ejercicio puedes respirar de forma natural.

El objetivo del primer rito tibetano es aumentar nuestra energía, ya que se estimulan todos los chakras del cuerpo, y trabajar el campo magnético personal.

2. SEGUNDO RITO TIBETANO: LEVANTA LAS PIERNAS

Vamos a por los abdominales tibetanos, así que ¡arriba esas piernas!

Túmbate en el suelo, con las piernas estiradas y tus manos a lo largo de tu cuerpo. También puedes ponerlas bajo los glúteos, si lo prefieres, para proteger las lumbares. A continuación, se trata de que levantes la cabeza y las piernas a la vez. Trata de no doblar las rodillas (si no tienes más remedio, hazlo), pero no importa hasta donde llegues. Si no alcanzas la altura de la imagen, ¡no te preocupes! Tan solo levanta las piernas hasta donde puedas.

Inhala (o inspira) en el momento en el que eleves las piernas y levantes la cabeza. Lleva tus piernas hacia tu nariz (sin despegar la espalda del suelo) y la barbilla hacia el pecho.

Exhala (o expira) en el momento de volver a la postura inicial.

Relájate un momento y repite. Cuanto más lento lo realices, más trabajarás tu zona abdominal.

Como te decía anteriormente, puedes empezar con 3 repeticiones e ir aumentando, con el tiempo, a medida tu tono físico lo permita. El objetivo es que, con el transcurso de las semanas, llegues hasta 21 repeticiones.

La finalidad de este ejercicio es estimular el páncreas trabajando el abdomen, es decir, despertar el centro energético del plexo solar. De esta manera, fortalecerás los abdominales y el cuello, y estimularás la tiroides.

3. TERCER RITO TIBETANO: EL CAMELLO

En este tercer rito, ponte de rodillas sobre la esterilla. Coloca las manos en la parte de atrás de los muslos. A continuación, baja la cabeza hasta que tu barbilla toque el pecho.

Seguidamente, mientras inspiras, tira la cabeza y el cuello hacia atrás, tanto como te sea posible y al mismo tiempo arqueas la columna hacia atrás. Con precaución si tienes lesiones en la columna cervical o lumbar. Tú te conoces mejor que nadie, así que trata de regularte para no hacerte daño.

Puedes utilizar los brazos como apoyo. Después de arquearte, vuelve a la posición original y repite.

En este ritual, también debes mantener un patrón rítmico de respiración. Inhala profundamente mientras arqueas la columna y suelta todo el aire cuando regreses a la postura erguida.

Este ejercicio consigue que lleves toda la energía del plexo solar al corazón y, a la vez, trabajas los estiramientos de la cadera y abdominales.

4. CUARTO RITO TIBETANO: EL PUENTE

Si observas la imagen, quizás pienses que esta postura te puede resultar más difícil que las anteriores. No obstante, ¡no te desesperes! Tan solo es cuestión de práctica y constancia.

En primer lugar, siéntate sobre el suelo, con las piernas estiradas hacia delante, con una separación a la anchura de tus caderas aproximadamente.

Coloca tus manos sobre el suelo, de forma que queden a los lados de los glúteos.

A continuación, aprieta la barbilla contra el pecho.

Ahora, dobla tus rodillas y levanta la pelvis para echar la cabeza hacia atrás y conseguir formar este puente. Tu torso tiene que quedar en línea recta con los muslos, quedando paralelos con el suelo. Aguanta la postura por unos instantes y regresa a la postura inicial. Te aconsejo que tengas paciencia hasta lograr conseguir este rito. Empieza con las repeticiones necesarias y ya irás aumentando poco a poco.

Durante este ejercicio debes inspirar profundamente en el momento en el que levantas la pelvis y exhalar cuando deshaces el puente, es decir, cuando vuelvas a la posición inicial.

Los beneficios del puente son el fortalecimiento de nuestros músculos, la **tonificación de hombros, espalda y glúteos.**

5. QUINTO RITO TIBETANO: EL PERRO BOCA ARRIBA Y BOCA ABAJO

Observa atentamente esta imagen para que puedas construir la postura en tu mente. Siéntate en la esterilla sobre los talones y la espalda bien recta.

A continuación, colócate a cuatro patas teniendo en cuenta que la palma de las manos esté apoyada completamente con los brazos a la altura de los hombros y que las piernas estén abiertas a la altura de las caderas.

Una vez bien colocado, levanta la pelvis lentamente, formando esa montaña con tus glúteos. Apoya las manos y los pies contra el suelo y mantén el mentón apoyado contra el pecho.

Posteriormente, baja la pelvis a la vez que contraes los glúteos y los abdominales y levantas la cabeza hacia arriba, tal y como se muestra en la imagen.

Coge aire en el momento que estás bajando la pelvis y levantando la cabeza y exhala, es decir, saca el aire, en el paso anterior, cuando estás levantando la pelvis.

Si lo haces correctamente, sentirás como trabajas la musculatura isquiotibial (la zona posterior a los muslos) y toda la espalda.

Para los que practiquéis yoga con asiduidad, se trata de pasar de *Adho Mukha Svanasana* (perro boca abajo) a *Urdhva Mukha Svanasana* (perro boca arriba).

Como ya sabes, repite el perro hasta 21 veces, empezando por tres repeticiones y aumentando a medida que lo sientas posible.

Este ritual es el último porque es el más liberador. El perro tiene como objetivo que nos relajemos y liberemos la mente. Es uno de los ejercicios más recomendados en yoga para estirar las piernas, ya que trabaja y fortalece enormemente nuestra **columna vertebral**.

- -

LOS CHAKRAS

Los chakras son los centros energéticos a través de los cuales fluye la fuerza de la vida a través nuestro.

Nuestro cuerpo tiene siete centros de energía (vórtices en inglés), denominados chakras por los hindúes. Son potentes campos eléctricos, invisibles a la vista, por los que circula la energía vital, también llamada «prana» para los hindúes, «chi» para los chinos. Cada uno de estos centros está centrado en una de las siete glándulas de secreción interna del sistema endocrino del organismo y su función es estimular la producción hormonal de dicha glándula. Estas hormonas son las que regulan todas las funciones del cuerpo, incluyendo el proceso de envejecimiento.

Cuando los chakras están en equilibrio, tenemos una sensación de bienestar general; sin embargo, cuando uno o varios están bloqueados, se necesitan ejercicios para activarlos, ya que todos los demás empiezan a funcionar mal y perdemos nuestro equilibrio interior.

El primer chakra se denomina raíz o Muladhara. Este chakra se encuentra en las glándulas reproductoras. Se vincula con lo material, con los lugares donde nos sentimos seguros, lo que nos arraiga a la tierra.

Está ubicado en la base de la columna o el coxis y su color asociado es el rojo.

Se dice que cuando está bloqueado, puede generar sentimiento de desarraigo, culpa y miedo a enfrentarse a los problemas y situaciones de la vida diaria.

El segundo chakra se denomina chakra sacro o Svadhisthana. Se encuentra a la altura del páncreas, por debajo del ombligo, en la zona abdominal.

Este se vincula con una sexualidad libre y plena, que no entiende de culpas. Cuando este chakra está bloqueado, aparecen los tabúes, el miedo al disfrute y el desprecio por el sexo, es decir, cualquier tipo de represión sexual.

El tercer chakra se corresponde al del plexo solar o Manipura. Se encuentra en la glándula suprarrenal, en la región del plexo solar, a la altura del estómago. Según el Ayurveda (una ciencia milenaria de la India) es el responsable del cuerpo mental.

Cuando el plexo solar está cerrado o bloqueado aparecen enfermedades en el sistema digestivo, úlceras, acidez, dolor de estómago, etc. Además, es común que, ante su bloqueo, podamos sentir fatiga crónica, con la consecuente necesidad de recurrir a estimulantes para salir adelante.

El cuarto chakra es conocido como el chakra corazón o Anahata. Se ubica en la glándula del timo, a la altura del corazón, en el centro del pecho. Se le atribuyen los sentimientos de amor hacia los demás y de apertura hacia la vida.

Cuando se encuentra bloqueado pueden aparecer enfermedades cardíacas o coronarias; o, desde el plano sentimental, una incapacidad de relacionarse de forma sana con otros, de abrirse al exterior.

El quinto chakra es el de la garganta o Visuddha. Se sitúa en la zona de la garganta en la glándula de la tiroides. Este quinto chakra tiene que ver con el propio rol dentro de la sociedad. Su energía se asocia al ponerse objetivos y en el cumplimiento de metas.

Cuando está cerrado, aparecen afecciones de garganta y problemas en la voz; como también dificultades en la comunicación con otros y temor a hablar por miedo a las consecuencias.

El sexto chakra es el del tercer ojo o Ajna. El sexto chakra está en la frente, en la zona del entrecejo, ligado a la glándula pineal. Este centro de energía nos conecta con el mundo del pensamiento y se dice que su buen funcionamiento nos permite visualizar, entender conceptos mentales y generar ideas. Al estar ligado a la glándula pineal, se cree que su activación nos permite conectar con cosas que van más allá de nuestra existencia física.

Cuando este chakra está bloqueado podemos sentir confusión mental e incluso alucinaciones. También podemos tener problemas con la vista y dolores de cabeza, asociados.

El séptimo chakra es el chakra corona o Sahasrara. Se ubica en la coronilla, concretamente en la glándula pitui-

taria, y nos conecta con el plano espiritual y del conocimiento.

Cuando está bloqueado, nuestro ego se expande nega-
tivamente. Quizás se ponen de manifiesto actitudes prepo-
tentes o bien una gran dependencia hacia las opiniones o
consejos de los demás.

Se dice que al realizar los 5 ritos tibetanos se estimulan los centros energéticos o chakras de forma que la persona puede sentir más equilibrio físico a lo largo del día.

IX

PRACTICANDO EL AMOR, EL ALTRUISMO Y LA COMPASIÓN

La receta de tu felicidad y la de quienes te rodean

«No necesitamos armas y bombas para traer la paz, necesitamos amor y compasión».

—MADRE TERESA DE CALCUTA

Lo confieso: Soy de las que se castigan cuando las cosas no salen como esperaba. Ayer, sin ir más lejos, estaba tratando de acabar este capítulo, pero mis ideas no fluían en exceso. De golpe, un torrente de pensamientos me arrastró: «lo tendría que haber conseguido ya»; «no estás a la altura»; «tendría que ser de tal modo»; «soy incapaz»…

Paré inmediatamente e intenté pensar en qué le diría a mi hijo si, frente a una tarea que tuviese, se encontrara bloqueado como yo. Seguramente mis palabras serían algo así como: «Tranquilo, Leo, mi amor, ¿en qué puedo ayudarte? Respira, verás como todo va a salir bien»; o quizás: «Eso que has hecho, ya está muy bien, lo importante es el intento», o bien: «Descansa y vuelve a probar mañana»; «Eres igual de valioso, te salga o no te salga» o algún comentario de este tipo.

La compasión es la ley dorada en la que confluyen todas las religiones y tradiciones filosóficas. Una verdadera alquimia emocional de donde surgen los sentimientos más elevados que existen. No es ni más ni menos que **experimentar, en nuestro ser, el sufrimiento de todos los seres y sentir la necesidad verdadera de hacer algo para aliviarlo. Es ese impulso que sientes por tenderle una mano a tu hijo o a un ser querido cuando crees que lo necesitan.**

¿Por qué no siento compasión hacia todo el mundo?

Pasión es una palabra potente, hermosa, que significa sufrir, y compasión significa «sufrir con». La neurociencia ha demostrado que la compasión está grabada a fuego lento en nuestra biología. Sin ir más lejos, podemos observar el cuidado instintivo que sentimos los padres hacia nuestros hijos. Un amor tan grande que, incluso, nos garantiza la supervivencia como especie. Estamos dispuestos a hacer lo que sea por ellos, incluso, dar nuestra vida.

Sin embargo, a pesar de tener la predisposición biológica de sentir esa motivación llena de amor infinito, no logramos extenderla a todo el mundo. Es posible que nuestra compasión no acabe de fluir por las siguientes razones:

- **Tememos ser vulnerables.** Tal vez se nos despierte el miedo a sufrir, ya que el hecho de intentar aliviar el sufrimiento ajeno nos hace sentir débiles, y eso, de alguna manera, nos causa rechazo.
- **No nos gusta sentir tristeza.** Muchas veces huimos de nuestra propia tristeza, por lo tanto, observar el sufrimiento ajeno nos pone en contacto con esa parte de nosotros mismos que no queremos sentir.
- **Es posible que revivamos heridas de la infancia.** Algunas veces, la compasión hace que revivamos cuestiones de la infancia no resueltas que nos impiden conectar con el sufrimiento ajeno.
- **Creemos que nos quedaremos atrapados.** Puede ser que creamos que, si conectamos con el sufrimiento ajeno, no podremos salir de él.
- **Pensamos que hay cosas más importantes.** Creemos que siempre hay algo más importante que atender y no logramos sentir esa compasión.

- **Nos falta entrenamiento.** Su santidad el Dalai Lama dice que hay dos tipos de compasiones. La natural, que incluye a todas las personas que ya amamos, y otra que incluye a todos los seres, incluso a nuestros enemigos y esta última se consigue a base de entrenamiento.

- También es posible que **nos falte autocompasión.** En este caso, es posible que no desarrollemos la empatía suficiente para validar lo que sienten los demás, porque no atendemos a nuestras propias necesidades.

La compasión empieza por uno mismo

Daniel Goleman, en su libro *La fuerza de la compasión*, parafraseando al Dalai Lama dice que «solo con orden dentro y un buen manejo de nuestras propias mentes y corazones podemos crear orden en el mundo que nos rodea».

Es crucial conocernos a nosotros mismos. Saber a qué responden nuestros comportamientos. Conocer qué emociones están atrapadas y nunca les hemos prestado atención... Hay que aprender a tratarse con amor, cariño y respeto. Debemos comprender nuestro malestar y tratarnos de forma justa (y por extensión a los demás). Permitirnos descansar cuando lo necesitemos, darnos el permiso a equivocarnos y aceptar nuestros propios límites.

Es bien cierto que esa amabilidad hacia nosotros mismos nos atemoriza, ya que creemos que puede obstaculizar nuestro desempeño y desarrollo. En mi caso, como te contaba al principio, lo que nace de lo más profundo de mí es la (horrorosa) exigencia porque creo que, de lo contrario, puedo caer en la autoindulgencia. ¡Como si no hubiera más formas de conseguir mis objetivos que haciendo caso a ese policía interno!

Sin embargo, como bien apunta la autora Kristin Neff, pionera en el desarrollo de la autocompasión en Occidente, esa autoexigencia nos produce todo lo contrario. Nos crea tensión y estrés, lo cual todavía nos provoca más bloqueo e ineficacia.

Pero, *¡piano, piano!* Vamos por el buen camino si sabemos detectarlo. La consciencia es el primer paso y la aceptación es el segundo.

La aceptación es la semilla de la compasión, ya que si aceptamos eso que sentimos, será mucho más fácil sentir esa empatía hacia los demás. Nos daremos cuenta de que los seres no somos tan diferentes. Todos sufrimos por alguna razón y estamos en esta vida para hacer cuanto esté en nuestra mano.

Un ejercicio de autoconocimiento para desarrollar la autocompasión

Busca un lugar tranquilo y toma lápiz y papel. A continuación, anota todas las cualidades, características y etiquetas que hayas recibido en tu vida. Si, por ejemplo, te decían a menudo que «eras vago», *freaky*, «un soñador», «un desastre», «buena», «malhumorada»..., lo que fuera que te dijeran en casa, en la escuela o en tu círculo social.

Trata de escribir cualidades «positivas» y «negativas» en la misma proporción. Aunque las etiquetas de positivo o negativo son un poco relativas, ya que una cualidad positiva puede habernos comportado consecuencias negativas. Si, por ejemplo, te decían que eras muy buena, que no hacías ruido, puede ser que en la edad adulta tengas dificultades para establecer tus límites y decir NO.

Ahora, crea frases empezando por «Yo soy» + etiquetas o características.

Seguidamente, cuando tengas esa fotografía en un papel, pregúntate a ti mismo: ¿Soy eso? Y si lo soy, ¿lo soy las 24 horas del día? ¿Todos los días de la semana? ¿Todas las semanas del año? ¿Soy realmente así?

Trata de ser consciente de las repercusiones que ha tenido en tu vida creer que eras como te dijeron.

Y, finalmente, piensa: ¿Cómo eres realmente? ¿Cuáles eran los motivos por los que te decían que eras así?

A veces, la realidad se nombra según el punto de vista de los demás y no desde el niño o niña que fuimos. Si por ejemplo teníamos padres mayores, cansados, sin ganas ni energía de jugar con nosotros, quizás nos etiquetaron como «pesados», «intensos», «hiperactivos». Así que piensa por un momento a qué realidad respondían tus etiquetas.

All you need is love.

Todo lo que necesitas es amor
(pero del bueno)

Estamos acostumbrados a buscar nuestra felicidad en todo lo que proviene del exterior. Somos seres sociales, por lo tanto, esa felicidad también la buscamos en los vínculos con otras personas. Algunas relaciones nos vienen dadas, como, por ejemplo, las familiares y otras las vamos escogiendo por el camino de la vida.

Sin embargo, ese amor que sentimos, casi siempre está condicionado. Se trata de un «amor» que busca garantías. Nos gusta que las personas nos sean exclusivas, que nos presten atención, nos hagan felices, nos brinden su apoyo y, a poder ser, que nos den placer.

Recuerdo el título de una película española que se llamaba *¿Por qué le llaman amor cuando quieren decir sexo?* Y me viene a la memoria porque, muchas veces, llamamos **amor** a lo que en realidad es **EGO**.

Como ya puedes intuir, el **amor genuino, el bueno,** es completamente lo opuesto. No solo busca recibir, llenarse, nutrirse, sino que trata de **DAR**. No depende de las circunstancias, sino que está vinculado con la felicidad que brota desde dentro.

¿Te imaginas cómo sería el mundo, o nuestro planeta, si cada uno de nosotros sintiera ese impulso a dar?

Creo que los noticieros estarían vacíos de guerras, de hambrunas, de desigualdades, de abusos... Y aunque estamos en el mejor momento de la historia de la humanidad, nos queda mucho camino por recorrer.

Bien, después de esta pequeña divagación, vamos a lo práctico. Sé que te estarás preguntando: *pero... ¿cómo lo hacemos para cultivar ese amor verdadero?* Pues creo que, para empezar, siendo conscientes de que tenemos que trabajar los siguientes aspectos:

1. **El apego.** Normalmente sentimos apego hacia situaciones, personas y cosas. Ese apego es un sentimiento de que algo o alguien nos pertenece y es sin duda motivo de sufrimiento, ya que constantemente tenemos miedo a perder.

   Algo que nos ha dejado la pandemia es una lección maravillosa que nos recuerda que todo en la existencia está sujeto a la **ley del cambio**. La estabilidad es tan solo una ilusión de nuestra mente y esa ilusión tan solo nos provoca malestar. Si seguimos aferrados a creer que existe una normalidad ahí afuera, por desgracia, seguiremos sufriendo. La realidad es que esa normalidad estática es tan solo una ilusión. De lo contrario, estamos negando las leyes que rigen el universo.

   Desapegarse significa entender ese cambio constante. **Aceptar** las cosas como son en realidad: cambiantes e impermanenetes. La vida empieza y acaba. Nada es infinito. Tampoco el pasado y el futuro existen, porque todo se despliega en el momento presente.

Disminuir el apego no significa no amar, sino todo lo contrario, poder hacerlo desde la autonomía, desde la libertad, desde la confianza. Desde el hecho de tener una buena base de autoestima que no nos haga necesitar llenarnos de amor. Sino que lo podamos brindar al mundo, desde la abundancia y la libertad. De esa manera, podremos vivir de una forma mucho más plena, sin estar constantemente aterrados por el temor a la pérdida o al cambio.

2. **El ego.** Como creemos que la realidad es estática, empezamos a nombrarnos y a identificarnos con una parte de la realidad: nuestro nombre, nuestro hogar, territorio, idioma, profesión, creencias, mi gente, etc. Nos aferramos a una identidad que nos da nuestro ego y nos sentimos separados de todo lo que sea externo a esas identificaciones: YO, MI, MÍO.

Sin embargo, ese apego al yo sería como decir que «el mar» es uno y «las olas» son dos. Como si las olas se proclamaran independientes al mar. El escritor **Martínez Lozano** decía: *«Tu yo nace de la mente; acalla la mente y notarás cómo el yo se disuelve; era solo una forma».*

Cuando un bebé nace, no es hasta los dos años que empieza a saber que es un ser independiente al cuerpo de su madre. Hasta entonces es un ser fusionado que cree que es parte del resto. Pero llega un momento en el que empieza a nombrarse como propio. Es gracioso observar su comportamiento, ya que cree que el mundo gira a su alrededor. Le cuesta ponerse en el lugar del otro y entender que también existe.

De forma menos exagerada, en la edad adulta seguimos, en cierta manera, actuando de la misma manera: yo, yo, yo... mí, mí, mí... mío, mío, mío, ¿verdad?

Por lo tanto, es importante ser conscientes de nuestro ego. El egocentrismo es el gran enemigo de la compasión. Desde este punto de vista, incluso el sufrimiento ajeno nos lo hacemos propio, y así ¿quién quiere sentir compasión?

Trabajar con nuestro ego es de vital importancia. Así que te animo a que empieces por saber reconocerlo, ya que, de lo contrario, también se vuelve nuestro propio enemigo. Podemos caer en posturas victimistas y ese es un gran obstáculo para responsabilizarnos de nuestra vida y escuchar lo que verdaderamente necesitamos y brindárselo a los demás.

3. Otro aspecto al que prestarle mucha atención es a **la ira**. Una emoción latente en casi todos nosotros que tenemos que procurar trabajar de forma activa. Es la mayor enemiga del amor y la compa-

sión, ya que siempre busca motivos para justificarse. Gandhi decía: «ojo por ojo y el mundo quedará ciego». Nuestra ira necesita enemigos y, por lo tanto, hace lo posible por atraer a nuestras vidas situaciones o personas afines a ella. La ira quiere vivirse a sí misma, recrearse, actuar, ¡crear su propia obra de teatro! Y para eso necesita escenarios, situaciones... un buen reparto de personajes.

Si nos paramos a pensar, no nos hacen falta muchos motivos para sentir ira. Basta con que las cosas no salgan como nosotros esperamos. Lo malo es que eso sucede casi siempre, porque lamentablemente, como no aceptamos la realidad tal cual es, vivimos enfadados con el mundo.

Una vez una mujer fue a visitar a un venerable lama y, con lágrimas en los ojos, le contó que buscaba consuelo. Estaba muy triste porque le habían diagnosticado una enfermedad incurable. Iba a morir algún día. El lama la miró amorosamente y, risueño, le contestó: «tranquila, mujer, yo también voy a morir».

Todos vamos a morir un día u otro. Lo único que desconocemos es cuándo sucederá y las causas que nuestro cuerpo buscará para expirar. Por lo tanto, si admitimos que eso tarde o temprano sucederá tendremos menos motivos para sufrir. Sé perfectamente que este es de los mayores trabajos que hagamos en la vida. ¡Yo no puedo ni imaginármelo! Sin embargo, si admitimos el peor de los escenarios, quizás solo nos quede disfrutar de lo que nos quede y agradecer la existencia que se nos despliega día a día. Es posible que nuestro enfado con la vida disminuya admitiendo nuestra verdadera naturaleza.

Nuestro estado interno determina lo que sucede. Si sentimos conflicto, atraeremos conflicto, o es posible que las personas no quieran estar a nuestro lado.

Es lógico y normal sentir enfado, rabia e ira, pero hay que aprender a ver esas emociones, sentirlas y soltarlas. Hay que aprender a calmar las aguas, como en el siguiente cuento, para dejar espacio a la compasión.

El monje que esperó a que se aclarasen las aguas

En un caluroso día de verano, Siddhartha Gautama estaba atravesando un bosque junto a su principal discípulo, Ananda. Sediento, el Buda mandó a su acompañante a buscar agua al arroyo. No obstante, las aguas estaban movidas porque unas carretas acababan de cruzarlo, así que Ananda volvió con su cuenco vacío.

El maestro, entonces, lo volvió a mandar al arroyo y le sugirió que esperara hasta que las aguas estuvieran limpias. De modo que el discípulo sin entender mucho lo que quería su maestro se sentó un largo tiempo a esperar. Finalmente comprendió la enseñanza: para que las aguas o la mente se aclaren, hay que sentarse a observar. De lo contrario, si se hubiera metido de nuevo en el arroyo, solo hubiera conseguido enturbiarlas más.

Así que, al igual que Ananda, en ocasiones, tenemos que sentarnos en la orilla de la mente y simplemente observar sin intervenir. Veremos que la corriente arrastra hojas muertas, heridas, traumas, dolor, deseos...; sin embargo, si saltamos en ese momento dentro de la mente, solo lograremos avivar el fuego de los pensamientos, sentir más confusión y avivar los problemas. Así que, si sientes ira, **siéntate en la orilla y espera que se aclare**.

El secreto para despertar la compasión

Para despertar la compasión, en primer lugar, necesitamos entender que todos los seres sufrimos en mayor o menor medida. Aunque las personas nos veamos muy diferentes, en realidad compartimos la misma naturaleza. Si nos detenemos un instante, nos daremos cuenta de que podemos conectar con el otro desde lo más profundo de nuestro corazón.

El otro día, hablando con una buena amiga sobre este tema, analizábamos lo difícil que es para nuestra sociedad occidental despertar esa compasión. Cada uno vamos a lo nuestro, vivimos en una sociedad totalmente consumista, competitiva y cada vez más individualista.

Realmente hace falta un cambio de perspectiva, hacer un pequeño «clic», porque ya sea por la humanidad o por nuestro planeta, necesitamos dar un giro.

Quizás nos cueste entender la compasión de la misma manera que lo hacen los religiosos. Pues ellos en el fondo viven enfocados en desarrollar lo mejor de sí mismos las 24 horas del día. Sin embargo, los mundanos tenemos que lidiar con muchas más cuestiones de las que nos encontraríamos retirados en un monasterio o convento.

Pero creo que ahí está el mérito. Y eso se lo oí decir hace poco al venerable maestro Lama Rinchen, a quien os aconsejo que sigáis por internet. Él dice que lo «fácil» es seguir ese camino retirados del mundo y lo difícil es llevar ese equilibrio, esos valores, a la vida terrenal.

Pues bien, tú y yo tenemos un reto. Podemos tratar de ser más compasivos. Y podemos hacerlo sin necesidad de irnos a un extremo. No vamos a poder acabar con el hambre en el mundo de hoy para mañana. Pero como decía Eduardo Galeano: «Mucha gente pequeña, en lugares pequeños, haciendo cosas pequeñas, puede cambiar el mundo».

El primer paso es atender nuestras necesidades. Procurarnos una buena autoestima. Porque nada podemos hacer si no nos amamos a nosotros mismos. En segundo lugar, ¿qué te parece si empezamos con nuestros seres queridos? Podemos atender lo que necesiten y tratar de sentir esa compasión genuina. Al final del capítulo te dejaré una práctica meditativa para conseguirlo.

A medida que sintamos eso con nuestros seres queridos, vamos a incluir a más personas. Podemos seguir con conocidos y después ir aumentando paulatinamente, hasta incluir a personas antagónicas o que estén sufriendo severamente.

Si lo hacemos de forma gradual, no habrá nada que esté más allá de nuestras posibilidades y de nuestro alcance.

La compasión brinda oportunidades ¡Y es terapéutica!

Por recomendación de un amigo, conocí el trabajo del doctor Gabor Mate, un especialista en trauma y adicciones, que fue durante más de una década el médico psiquiatra del Downtown Eastside en Vancouver, Canadá. Este lugar es uno de los más marginales, deprimidos, pobres y con mayor consumo de sustancias de todo el planeta.

Este terapeuta, autor de varios libros y de un documental, que te recomiendo encarecidamente, *The wisdom of trauma* (La sabiduría del trauma), creó un **método llamado «Harm Reduction»** (Reducción del Daño). Me parece el vivo ejemplo de compasión.

Con este método, no solo acompaña a sus pacientes con fármacos en su drogadicción, sino que lo hace para **«poder verlos cada día, hablar con ellos, saber**

que están bien, que han comido y hacerles sentir que no están solos», según sus propias palabras. Sin duda, un comportamiento compasivo que estoy segura que genera oportunidades en quien lo recibe.

Mate, creador también de un método terapéutico llamado Indagación Compasiva (Compassionate Inquiry), dice que, en su terapia, después de sentir empatía, indagar por los motivos de sufrimiento de la persona, da un paso más: **se centra en las similitudes con el prójimo, en vez de las diferencias.**

Él explica que, debido a sus traumas infantiles, sufrió adicción por el trabajo y que eso no lo diferencia tanto de sus pacientes, las personas con adicción a la heroína. Según él: «mentiría como lo harían ellos, manipularía como lo harían ellos, seguiría con los hábitos nocivos a pesar de hacerme daño». Lo que ocurre es que hay ciertos comportamientos socialmente bien vistos por la sociedad y otros que no. Si eres adicto a las compras, a las relaciones o al éxito, estás socioculturalmente aceptado. Sin embargo, lo que está bien visto o mal visto, lo que merece o no compasión, lo ponemos nosotros. Todos merecemos compasión, porque casi todos compartimos las mismas causas de sufrimiento y algunas consecuencias. Así que somos más iguales de lo que pensamos.

Por lo tanto, podemos reflexionar acerca de los juicios que emitimos sobre los demás, porque, al final, de una manera u otra, no estamos unos arriba y otros abajo, sino que estamos en el mismo nivel. Quizás cuando entendamos eso y nos entrenemos un poquito, surgirá la compasión. Seremos capaces de conectar con el otro como lo hacían los *Na-vy*, habitantes de la luna Pandora, en la película *Avatar* y pronunciar un: «te veo».

LA FELICIDAD DE LOS MONJES COMPASIVOS

Hace algunos años el neurocientífico Richard Davidson visitó al Dalái Lama en Nepal y acordaron medir científicamente los efectos de la compasión y la felicidad que tenían lugar en el cerebro. Hasta el momento, tan solo se habían enfocado en estudiar los efectos de la ansiedad y la depresión.

Para el estudio se tomaron a ocho monjes, a quienes se les dotó de audífonos y se les conectaron más de 128 sensores de un electroencefalograma. Como ya sabes, Matthieu Ricard obtuvo el apodo del «hombre más feliz del mundo», pero el experimento también midió los efectos en el cerebro al meditar en la compasión.

En un momento se les disparó un sonido como si se tratara de una fuerte explosión. La directriz era que los participantes debían neutralizar su reacción. En inglés a esto se le denomina *startle response,* que significa respuesta de sobresalto y está asociada a las emociones negativas. Está claro que cualquiera de nosotros hubiera tenido una gran reacción de, como poco, sorpresa, y probablemente de estrés. Sin embargo, ellos reaccionaron sin mucho aspaviento y enseguida se liberaron del altercado. Es decir, demostraron una fuerte templanza, un gran desapego hacia los acontecimientos y una gran tolerancia a las frustraciones.

Ese mismo estudio concluyó que los mayores picos de *onda gamma de alta simetría* se producían mientras se meditaba en la compasión. No te preocupes, que más adelante te dejaré un ejercicio para que puedas practicar cada día y tú también consigas ejercitar ese estado de tan alta vibración.

Richard Davidson explicó que estos estados indican plasticidad cerebral, es decir, que pueden moldear poco a poco nuestra estructura neural. Con lo cual sabemos que la compasión no es algo que dependa de ciertas cualidades innatas, sino que **todos podemos aprender a desarrollarla**.

Además, se demostraron otros beneficios relacionados con la relación cuerpo-mente, ya que las imágenes de resonancia magnética mostraron actividad notable en la ínsula anterior, una región que coordina la relación cerebro-cuerpo. Exactamente concluyó que «los sistemas en el cerebro que dan soporte a nuestro bienestar están íntimamente conectados con diferentes órganos y con el sistema endócrino e inmune». Por lo tanto, también se demostró que no solo incide en nuestra salud mental y emocional, sino también física.

¡Al gimnasio de la compasión!

Al igual que cuando entrenamos para ponernos en forma, trabajamos diferentes aspectos (cardio, estiramientos, musculación…), la compasión también puede tener un entrenamiento específico. Aquí te dejo unas pautas:

1. **Un ejercicio de generosidad al día.** Practica tu generosidad cada día con las personas que conoces y con las que no. Sé amable con un extraño. Ayuda en lo que puedas a alguna persona u organización benéfica. Dale un cumplido a un compañero o compañera de trabajo. Recuérdales a las personas que quieres lo importantes que son en tu vida. Escucha con atención a quien lo necesite. Dona tu tiempo a un voluntariado...

2. **Tonifica la musculatura del «dar y recibir».** Cuando ayudamos a alguien, en realidad también nos ayudamos a nosotros mismos. El científico Richard Davidson dice: «la mejor forma de activar los circuitos neurales de las emociones positivas en el cerebro es a través de la generosidad...». Hacer el bien a los demás nos hace más felices y aporta armonía a nuestra vida, tanto a nivel físico como mental. Ayuda a combatir la depresión y la ansiedad, ya que, en cierta manera, nos olvidamos del «yo» y nos ocupamos de otras personas, que quizás están más necesitadas que nosotros.

3. **Cien repeticiones de agradecimiento.** La gratitud es la frecuencia más elevada que existe. Agradecer cada momento y circunstancia de nuestra existencia nos conecta directamente con el presente. Nos llena de abundancia y amor por la vida.

Trata de dar las gracias a cada instante, por seguir respirando, por tu familia, tus bienes, oportunidades, aprendizajes, ilusiones... La abundancia te hará sentir afortunado y te abrirá las puertas a poder brindar compasión a los demás.

4. **Fortifica la musculatura de la escucha.** A todos nos gusta sentirnos escuchados. Una buena escucha puede, incluso, cambiarnos la vida. Así que practícala todos los días. Cuando alguien te explique algo, pon toda tu atención. Trata de volcarte en la experiencia de la escucha, sin planificar la respuesta, simplemente prestando toda la atención a quien te habla, olvidándote de ti en esos momentos.

5. **Entrena con ahínco tu mirada.** Enfócate en las similitudes que te acercan a los demás. Si alguien está sufriendo, trata de conectar con esa sensación. ¿Cómo te sientes tú cuando sufres? Si logras enfocarte en las similitudes en vez de las diferencias, abrirás un maravilloso campo de compasión.

6. **Cuida el alimento de tus palabras.** Dicen que las palabras construyen el pensamiento y por tanto la realidad. Observa atentamente qué te dices sobre las cosas y también cuida lo que dices a los demás. Si sientes que te invade la ira, haz una

pausa antes de hablar. Trata de hacerte responsable de eso que estés sintiendo en ese momento.

7. **Practica la meditación compasiva y del amor bondadoso.** Como ya sabes, la meditación produce cambios en la función cerebral. Este tipo de meditación es la que usan los monjes budistas para cultivar la compasión, tanto hacia uno mismo como hacia los demás. ¿Practicamos?

EJERCICIO DE MEDITACIÓN EN LA COMPASIÓN

Puedes realizar esta meditación a diario, aparte de la que realices normalmente, y en breve te sorprenderás de los grandes beneficios. Empezamos con un ser querido, pero cuando te sientas preparado, puedes incluir a otras personas de tu entorno, o incluso a personas con las que tengas poca afinidad.

Si no tienes tiempo para hacerla tan formal, practícala unas cuantas veces y, durante el día, en cualquier sitio y cualquier lugar, trae a tu mente este ejercicio durante unos minutos.

1. Adopta una postura cómoda de meditación. Puedes adoptar la postura tradicional, o bien sentado en una silla o sofá con los pies apoyados en el suelo y la espalda erguida.
2. Respira profunda y lentamente. Nota cómo el aire entra por la nariz y baja hasta tu abdomen. Visualiza el aire que

entra como blanco y puro y nota como relaja y tranquiliza tu cuerpo. Al exhalar suelta toda la rigidez y tensión de tu cuerpo.

3. Sé consciente de tu cuerpo. Pon atención en todos los apoyos de tu cuerpo con el suelo o la silla.

4. Nota tu piel y su temperatura y escanea todo el cuerpo: pies, piernas, torso, espalda, brazos, cabeza, cara… y a medida que pones la atención en todas sus partes, suelta toda la tensión.

5. Visualiza una estrella de luz en el centro de tu pecho y nota como esa estrella va llenando tu cuerpo, nutriendo todas las células de tu cuerpo.

6. Imagina a un ser querido. Puede ser tu madre o cualquier persona que signifique mucho para ti. Trata de visualizarla en frente de ti, a pocos metros, meditando contigo.

7. Fíjate en su rostro y en todas sus facciones.

8. Date cuenta de todo lo que esa persona ha hecho por ti. Tan solo contempla la intención positiva de todos sus actos. Si es tu madre, trata de recordar de qué manera te ha cuidado, te ha alimentado.

9. Reconoce esa labor y agradécela con todo tu ser.

10. Trata de pensar ahora en todas sus necesidades, carencias afectivas, dificultades en su vida y su anhelo de felicidad.

11. Ese reconocimiento nos despierta una gran cantidad de amor bondadoso que crece como una luz en nuestro pecho y recorre todo nuestro cuerpo.

12. Esa luz se entrelaza con tu ser querido y os engloba en una misma burbuja de luz. Una luz que os sana, purifica y

activa todo lo bueno en esa persona. Sus cualidades, su autoestima y amor puro.

13. Repite esa visualización durante varios minutos una y otra vez, con el deseo de llenar a tu ser querido de completa felicidad. Pon tu intención en que pueda liberarse de emociones negativas, de ansiedad, miedo y que logre su iluminación.

14. En cada exhalación vemos cómo va creciendo esa luz que os envuelve y se va expandiendo como un río de luz.

15. Permanece un tiempo en ese estado sin límites.

16. Cuando te sientas listo, toma unas respiraciones profundas y vuelve poco a poco a tomar contacto con todo lo que te rodea y abre los ojos lentamente.

Puedes realizar esta meditación guiada, escaneando este QR

LOS DIEZ HÁBITOS QUE HACEN AL MONJE

Terminaremos este libro recordando diez de los hábitos que llenarán de paz y felicidad tu vida y que resumen este libro:

1. **Contémplate todos los días y cultiva tu presencia.** Practicar la meditación permite conocerse a uno mismo y encontrar la verdadera paz interior. Incorpora este hábito que solo ocupará veinte minutos de tu tiempo y te llevarás el beneficio las 24 horas de tu día. Aprovecha todo lo que hagas para entrenar tu atención. Se trata de que estés presente con todos tus sentidos, hagas lo que hagas. La vida solo es una y no sabemos cuándo será el último instante, así que ¡aprovecha para vivirla cada segundo!

2. **Sé consciente de tus dinámicas mentales para mejorarlas.** Los pensamientos campan a

sus anchas como las malas hierbas que crecen en un jardín. Así que ¡ponte el traje de jardinero y planta bonitas flores!

3. **Limpia el polvo como si limpiaras tu alma.** Los quehaceres cotidianos en el hogar son el entrenamiento perfecto para mantener la mente en el aquí y ahora. Cada vez que ordenes, friegues, barras, limpies o planches, aprovecha para soltar todo eso que ya no te sirve. Recuerda que siempre es una maravillosa oportunidad para cultivar tu presencia y mejorar tu existencia.

4. **Haz de tu cocina un templo.** Prepara los alimentos como si cocinaras tu vida. Trata la comida como algo sagrado, ya que son los nutrientes que alimentan tu cuerpo y tu alma. Aprovecha tus comidas para entrenarte en el aquí y ahora.

5. **Practica la felicidad orgánica.** Se trata de simplificar al máximo. La felicidad no tiene que ver con la acumulación de cosas; al contrario, lo que verdaderamente produce satisfacción suele ser intangible: las relaciones cultivadas a fuego lento, el contacto con la naturaleza y una vida mucho más consciente contigo, con las personas que te rodean y con el planeta.

6. **Pásate a la vida lenta.** Las prisas disminuyen la calidad de vida porque, sin saberlo, vivimos en contra de nuestra propia naturaleza. Reconectar con los propios ritmos y planificar mejor nuestro tiempo hace que nuestra vida mejore exponencialmente.

7. **Sé como la flor de loto.** Para ser feliz debes conocer tu naturaleza. Aunque crezcas en el barro del malestar, siempre puedes atravesar el lodo de las dificultades y florecer exuberante hacia la luz. Las malas experiencias o las causas del sufrimiento humano, aunque no lo creas, son grandes maestras.

8. **Practica los cinco ritos tibetanos.** Ejercita a diario los movimientos de la eterna juventud que durante miles de años han practicado los monjes del Himalaya. Además de mantener tu cuerpo en forma, harás que la energía fluya sin obstáculos por todo tu ser, mejorando tu salud física, emocional y mental.

9. **Cultiva la compasión.** Experimentar en nuestro ser el sufrimiento de otras personas y sentir la necesidad verdadera de hacer algo para aliviarlo es la más elevada de las virtudes que pueda tener un ser humano. Procura cultivarla, poniendo atención primero en poder sentir eso por ti mismo.

10. **Da las gracias.** Dedica varios momentos al día para agradecer lo que te rodea. Siente gratitud por respirar, un día más de vida y tener a tus seres queridos, tus aprendizajes, la naturaleza que te sostiene... El agradecimiento te conecta con la existencia y te hace sentir afortunado de estar vivo.

Agradecimientos

Muchas gracias a ti, lector o lectora, que sostienes este libro entre tus manos. Deseo de corazón que esta lectura te ayude a tener una vida más plena y feliz.

Gracias infinitas, Toni Mateos, por la paciencia y el acompañamiento en este camino. Por escucharme una y otra vez en busca del verbo adecuado. A ti, mi pequeño Leo, por empujarme en la escritura, por tu ilusión en ver acabado este libro. Gracias por las horas cedidas. Os quiero infinito.

A mis padres, por vuestra entrega, amor y apoyo constante. ¡Qué fortuna la de teneros a mi lado! Os amo.

A mi hermano César, a mi otro «hijo» Toni Mateos Jr., a Manuela y a mi querida familia de Córdoba, Zaragoza y Barcelona. Os quiero. Gracias por vuestro apoyo.

Gracias a las personas que habéis leído mi borrador. Vuestra opinión es oro para mí. Os quiero.

A mis amigos y amigas del alma que llenan mi vida: Repus, Casa Chirri, Reinetes, Turistas, Badia, Cabrils, Sabadell, México, Cardedeu. Gracias a mi compi y amigo Óscar, siempre generoso con su objetivo.

A los que os habéis marchado demasiado pronto. Gracias por vuestras enseñanzas, siempre estáis presentes en cada renglón.

A mi familia de México, que en esos momentos tan duros estuvieron a mi lado en esta aventura. Os quiero.

Muchas gracias mi querido maestro Francesc Miralles. Por ser un pilar fundamental en esta etapa. Muchas gracias por tus opiniones, tu acompañamiento en mis presentaciones, tus enseñanzas. *Moltes gràcies, estimat amic.*

A mis queridos editores Sergio Bulat y Esther Sanz. Muchísimas gracias por seguir confiando en mí y, por supuesto, agradecimiento eterno a Ediciones Urano. Es un orgullo formar parte de esta gran familia. Muchas gracias por vuestro apoyo y cariño.

A Larisa Curiel, de Ediciones Urano México, gracias por la maravillosa acogida.

A Sandra Bruna, mi querida agente literaria. No podía estar en mejores manos. Muchas gracias a todo el equipo.

Y como no, gracias a la música y la vida, que tanto me da.